KB268376

수능 · TOEIC · TOEFL · TEPS · 편입 · 공무원 · 특목고 · 각종 고시
빈출 유사어 · 중요 동사활용형 · 동의어 · 반의어 · 다의어 등 완벽대비

필수 영단어 딱!
10월에
끝내기
이진우 · 이원일 공저

단 10일 투자로 단어 걱정 끝낸다!
시험에 자주 나오는 중요어휘를 정복하는 것이 독해시간 단축과 고득점의 지름길!

◦ 수능 · 특목고 · 국내 각 대학 편입 최신 기출어휘 수록
◦ TOEIC · TOEFL · TEPS · 공무원 · 각종 고시 기출어휘
◦ 체계적인 분석 정리로 단시일에 숙달하도록 간편한 구성
◦ 각 유형별 효과적인 실전대비문제로 학습능률을 극대화
◦ 국내 최다 유사어 · 동음이의어 · 다의어 등 완전정리 수록

도서
출판 블루리본

초판발행 / 2014년 9월 28일

지 은 이 / 이진우 · 이원일

펴 낸 이 / 이진우
편   집 / 허조행
교   정 / 이일지
마 케 팅 / 조관세 · 이수월
디 자 인 / 이지숙

펴 낸 곳 / 도서출판 블루리본
등록번호 / 제18-49(98.1.21)
주   소 / 서울시 강남구 역삼동 837-11 Union Ctr 1305
전   화 / (02)3442-0256(대표)
팩   스 / (02)512-0256
전자우편 / brbooks@hanmail.net

Copyright Blue Ribbon Books® Publishing Co.

값 15,000원

ISBN 978-89-88185-02-5

머리말

각종 시험 빈출 중요어휘의 정복이 고득점의 지름길!

이 책은 수능 · TOEIC · TOEFL · TEPS · 편입 · 공무원 · 특목고 · 각종 고시에 출제된 어휘와 출제가 예상되는 어휘를 총망라하고 분석하여 합격에 초점을 맞추어 재구성한 전략 학습서이다. 이 책은 또한 각종 시험에 대비한 어휘의 학습효과를 단시일에 극대화하도록 한 고능률 어휘집이다.

영어가 생존을 위한 필수도구가 된 오늘날, 치열한 생존경쟁에서 우위를 차지하기 위해 항상 각종 영어시험을 치러야 하는 상황에서 영어시험의 기본이 어휘력에 있다는 사실을 모르는 사람은 없을 것이다.

특히 독해는 단어를 얼마나 아느냐에 따라 실력이 판가름난다. 단어만 제대로 알아도 글의 의미파악은 끝난다. 사실 어휘력을 다지지 않고 영어실력을 향상시키기란 불가능하다.

그러나 막대한 시간과 노력을 투자하여 두꺼운 판형의 단어 책을 공부해야 하는 수험생들은 우선 그 방대함에 질리게 되고 영어공부에 대한 의욕마저 상실하게 되기 쉽다. 더구나 체계적인 유형분석 없이 무작정 단어를 외운다면 그것은 엄청난 힘만 소모시키고 단어 실력은 늘지 않는 비효율적 시간낭비로 끝나기 쉽다.

이 책은 각종 시험에 자주 출제되고 있는 중요 어휘들을 유형별로 철저하게 분석 정리하여 단 10일 분으로 충분히 숙지할 수 있는 양으로 엮었다. 이로써 수험생들이 학습부담을 대폭 덜어주면서도 어휘문제에서는 물론 독해에서도 시간을 단축하고 정확도를 향상시켜 실전에서 고득점을 얻을 수 있도록 하였다.

여기에 수록된 단어들은 시험을 치르기 전에 반드시 알아두어야 할 중요한 것들이다. 각 장의 정선된 워밍업 문제를 통하여 효율적으로 익히도록 하였고, 유형 익히기와 실전연습 문제를 통하여 실전에 응용하도록 구성하였다.

각종 시험을 준비하는 수험생 여러분들의 어휘력 증진에 큰 도약이 있기를, 또한 고득점의 기쁨이 있기를 바란다.

이 책의 장점

1 철자가 비슷하여 혼동하기 쉬운 유사어를 한 번에 해결!

각종 시험에서 출제되는 단어 문제에서는 형태가 비슷하여 혼동을 주기 쉬운 유사어들이 자주 나온다. 예를 들어, [adopt/adapt]와 같은 두 유사한 단어를 제시하고 문맥에 맞는 단어를 고르게 하는 유형이다.

이러한 유사어들은 그 형태가 매우 유사하여 별도로 공부해두지 않으면 계속해서 반복적으로 혼동하게 되기 쉽다.

따라서 이러한 단어들은 따로따로 외우는 것보다는 유사어끼리 모아 한꺼번에 외우는 것이 효과적이다. 이 책의 각 단원별로 체계적으로 정리해 놓은 각종 시험 빈출 유사어 모음이 큰 도움이 될 것이다.

2 동일어원에서 파생된 혼동하기 쉬운 단어를 한눈에 외우기

동일어원에서 파생된 단어들, 예) [astrology/astronomy]은 그 형태 역시 매우 닮아 수험생들에게 혼동을 주기 쉽다.

이 책에서는 수험생들이 각종의 시험에서 실제로 어려움을 경험했던 혼동하기 쉬운 단어들을 엄선하고 핵심 기출문제를 분석하여 실전에서의 혼동과 오류를 방지하고 대비하도록 구성하였다.

3 시험에 자주 출제되는 동음이의어를 한눈에 외우기 쉽게 하였다.

발음은 같으나 의미는 전혀 다른 동음이의어들은 대부분 서로 단어의 철자까지 유사하여 더욱 혼동을 준다.

특히 동음이의어는 듣기에서도 매우 중요하므로 평소에 미리미리 집중적으로 충분히 공부해두지 않으면 시험에서 어려움을 겪게 된다.

이 책에서는 이러한 각종 시험 빈출 동음이의어들을 한눈에 알아보기 쉽고 헷갈리지 않고 외우기 쉽게 정리 수록하였다.

4 활용형을 혼동하기 쉬운 동사 변화형을 완전 정리!

어떤 동사들은 그 변화형의 철자나 변화유형까지 거의 같아 혼동을 주기 쉽다. 이러한 동사변화형은 수능과 내신에서는 물론 TOEIC · TOEFL · TEPS · 편입 · 공무원 · 특목고 · 각종 고시에서도 빠지지 않고 출제되고 있으므로 철저하게 익혀두어야 할 필요가 있다.

이 책에서는 이러한 혼동하기 쉬운 동사 변화형들을 빠짐없이 수록하여 시험에 대비하게 하였다.

5 동일어원에서 파생한 각종 시험 빈출 형용사들을 완전 분석정리

동일어원에서 파생한 형용사들, 예) [beneficial/beneficent/benevolent]은 그 형태는 물론 의미까지 매우 유사하여 혼동을 주기 쉽다.

이 책에서는 실전에서 고득점을 얻을 수 있도록 빈출 파생형용사들을 분석하여 실었으며 문제를 통하여 암기와 실전 대비까지 하게 하였다.

6 각종 시험 빈출 혼동하기 쉬운 형용사 · 부사 단어 총정리

어떤 형용사들은 형용사와 부사 양쪽으로 쓰이거나, 또는 부사가 되면 의미가 전혀 달라지는 등 늘 혼동을 일으키게 한다. 따라서 각종 시험에서는 거의 빠지지 않고 출제된다.

이 책에서는 이러한 시험 빈출 형용사 · 부사 단어들을 일목요연하게 정리하였으며 시험에 만전을 기하도록 충분한 문제 하였다.

7 각종 시험에 자주 출제되는 중요 반의어를 외우기 쉽게 하였다.

각종 시험에 자주 나오는 중요 반의어를 수록하였으며, 접두어, 접미어, 어근을 통해 효율적으로 암기할 수 있게 하였다.

수능과 내신은 물론 TOEIC · TOEFL · TEPS · 편입 · 공무원 · 특목고 · 각종 고시에서도 빠지지 않고 출제되므로 이 책에 수록해 놓은 중요 반의어들을 철저하게 익혀둘 필요가 있다.

8 시험에 잘 나오는 다의어를 예문과 총정리

영어 단어는 보통 여러 가지 뜻을 지닌 경우가 많다. 예를 들어, 'hold' 라는 단어는 가장 대표적인 ①'잡다'라는 뜻 외에노 ②'열나, 개최하다', ③'수용되다', ④'~ 상태로 두다', ⑤'유효히다', ⑥'~라고 생각하나' 등 여러 가지 의미를 지니고 있다.

이처럼 하나의 다의어가 지니고 있는 다양한 뜻을 모두 알고 있어야 주어진 문맥과 상황에 맞는 의미의 선택과 매끄러운 독해가 가능하다.

그러나 지금까시는 다의어를 일일이 찾아보는 것은 마대한 시간과 노력을 소모시키는 일이어서 중도에 포기하는 경우가 많았다.

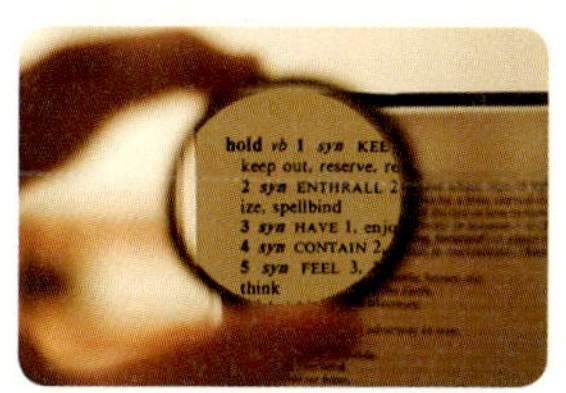

다행히 이 책과 다의어 총정리서인 《필수 다의어 딱 10일에 끝내기 (450개의 다의어 완전정리 수록)》에는 각종 시험 빈출 다의어를 예문과 함께 빠짐없이 일목요연하게 수록해 놓았으므로 수험생 여러분은 그냥 외우기만 하면 된다.

CONTENTS — of the Lexicon for 10 Days

철자가 비슷하여 혼동하기 쉬운 단어 (유사어)

✔ 시험에 꼭 나오는 유사어

다음 유사어들은 시험에서 거의 빠지지 않고 출제되는 중요 단어들이다. 철자가 유사하여 혼동을 불러일으키기 쉬운 것들로 그 정확한 철자와 뜻을 알아두어야 한다.

1 시험에 꼭 나오는 유사어 Ⅰ – 출제빈도 최상위 50 단어

1	aboard abroad	배[비행기]를 타고 해외로[에]	11	frequently fluently	자주, 빈번하게 유창하게
2	accident incident	사고 사건	12	involve evolve	포함하다 진화하다
3	adopt adept adapt	채택하다; 양자로 삼다 숙달한, 정통한 (사람) 적응시키다	13	later latter	나중에, 더 늦은 후자의; 후반의
4	affect effect	영향을 주다 결과; 효과; 영향	14	lose loose	잃다 느슨한
5	beside besides	~의 곁에, 옆에 게다가, 이외에	15	physician physicist	내과의사 물리학자
6	collect correct	모으다, 수집하다 옳은; 옳게 고치다	16	quit quiet quite	그만두다 조용한 꽤, 아주
7	conscious conscientious →consciousness →conscience	의식이 있는 양심적인 의식(이 있음) 양심	17	repetition reputation	반복 평판; 명성
			18	scared sacred	깜짝 놀란, 겁먹은 신성한
8	corporation cooperation	법인, 주식회사 협력, 협동	19	sermon summon	설교 소환하다
9	emigrate immigrate	이주하다, 이민 가다 이주해오다	20	terrible terrific	무시무시한; 끔찍한 훌륭한, 아주 멋진
10	except expect	제외하다 기대[예상]하다	21	wonder wander	놀라다; 궁금해하다 배회하다

(A), (B), (C) 각 네모 안에서 문맥에 맞는 어휘를 골라, 짝지은 것으로 가장 적절한 것을 고르시오.

Like all other business, the florists must (A)[adopt/adapt] to changing distribution systems in the marketplace. Today, suppliers of flowers include large supermarket chains and direct telephone marketers, (B)[beside/besides] wholesalers who sell directly at many locations. Moreover air transport helps the suppliers of flowers extend their market to all around the world. For example, over two-thirds of flowers on sale in Britain come from (C)[aboard/ abroad].

(A)	(B)	(C)
① adopt	besides	abroad
② adopt	beside	abroad
③ adapt	besides	abroad
④ adapt	beside	aboard
⑤ adapt	besides	aboard

Notes　　florist 꽃징수, 화훼 재배업지　　　　distribution 분배, 배급
wholesaler 도매업자

해석　　다른 모든 사업과 마찬가지로 화훼 재배업자들도 시장에서의 변화하는 배급시스템에 (A)[채택/**적응**]해야 한다. 오늘날 화훼 공급자들에는 많은 지역에 직접적으로 꽃을 판매하는 도매업자들 (B)[옆에/**이외에도**] 많은 수퍼마켓 체인점들과 전화직판업자들이 포함되어 있다. 더구나 항공수송은 꽃 공급업자들로 하여금 시장을 전 세계로 넓히도록 해주고 있다. 예를 들어, 영국에서 판매되는 꽃의 2/3는 (C)[타고서/**해외에서**] 들어온다.

정답　　③

1	abuse misuse	남용; 학대(하다) 오용(하다)		14	assign resign	할당하다, 선임하다 사임하다
2	accept except	받아들이다 제외하다		15	aspiration inspiration respiration perspiration	포부, 대망, 열망 영감 호흡 발한작용; 땀흘림
3	access excess assess	(장소·자료에) 접근 초과, 과잉 평가하다		16	assume consume resume	가정하다; 떠맡다 소비하다 재개하다
4	acquire require inquire	얻다, 취득하다 요구하다 묻다; 질문[조사]하다		17	assure ensure insure	확실하게 하다; 안심시키다 안전하게 하다 보증하다; 보험에 들다
5	addition edition	더하기, 부가 (책의) 판, 간행		18	audience spectator	(공연장의) 청중 (경기장의) 관중, 구경꾼
6	advise advertise adverse	충고하다 광고하다 거스르는; 불리한		19	average coverage	평균(의) 적용범위, 도달범위
7	affection affectation	애정, 감정 가장, ~체함		20	bald bold	대머리인 대담한, 뻔뻔스러운
8	affluent effluent	부유한, 풍족한 유출[방출]하는		21	bandage bondage	붕대 굴레, 속박
9	ally alley allay	동맹(을 맺다); 동맹국 오솔길, 골목길 진정시키다		22	banish vanish varnish	추방하다 사라지다 니스(를 칠하다)
10	angel angle	천사 각도		23	base vase	기초, 토대 꽃병, 화병
11	annual annul	일년의; 해마다의 무효[취소]로 하다		24	bless bliss	축복하다 지극한 기쁨
12	application appliance	적용; 지원 기구, 용구		25	blood brood	피 알을 품다; 한배 병아리
13	aptitude attitude altitude latitude	적성 태도 고도 위도		26	bloom broom	꽃(이 피다) 비(로 쓸다)

27	border	가장자리, 접경, 변경
	broader	더 넓은
28	brand	상표
	bland	온화한; 부드러운
	blend	섞다, 혼합하다
29	breach	위반(하다)
	bleach	표백하다; 표백제
	breech	볼기
	breeches	승마바지, 반바지
30	breath	숨, 호흡(←breathe)
	breadth	나비, 폭(←broad)
31	cab	택시(taxicab)
	cop	경찰관
32	care	걱정(하다); 주의(하다)
	core	핵심
33	career	경력; 직업
	carrier	운반인; 항공모함
34	cavalry	기병대
	chivalry	기사도
35	cease	그만두다, 중지하다
	seize	잡다, 붙잡다
	siege	포위공격, 공성(하다)
36	character	성격; 등장인물
	characteristic	특성
37	chief	우두머리
	chef	주임 요리사, 주방장
38	commerce	상업, 통상, 교역
	commence	시작하다
39	community	지역사회
	commodity	상품, 일용품
40	commute	통근[통학]하다
	communicate	의사소통 하다
41	comprehension	이해(력)
	apprehension	우려, 불안
42	comprise	~로 구성되다
	compromise	타협(하다)
43	confidence	신임; 자신감; 비밀
	conference	회의, 협의
44	cone	원뿔, 원추형
	corn	옥수수, 곡물; 티눈
45	confirm	확인하다
	conform	(규칙에) 따르다, 순응하다
46	constant	일정한, 변함 없는
	consistent	일관된, 언행이 일치된
47	constriction	수축, 긴축
	construction	건설
48	contact	접촉하다
	contract	계약(하다)
	contrast	대조(를 이루다)
	contradict	부인하다; 모순되다
49	contain	포함하다
	obtain	얻다, 획득하다
	attain	달성하다, 도달하다
50	contend	다투다; 주장하다
	content	만족한; 만족시키다
51	convert	전환하다
	invert	반대로 하다
52	coral	산호, 산호색의
	corral	목장, 우리
53	corps	군단, 단체, 단
	corpse	시체
54	council	평의회, 지방의회
	counsel	상담, 조언(하다)
	consul	영사
	console	위로하다; 화장대

55	country	시골; 나라
	county	군(郡)
56	clown	어릿광대
	crown	왕관
57	custom	관습, 풍습
	customs	세관
	costume	복장, 옷차림
	customer	고객
58	daily	매일의; 일간신문
	dairy	낙농장; 낙농의
	diary	일기(장)
59	decent	꽤 좋은; 예절바른
	descent	하강; 내리받이
	dissent	의견을 달리하다
60	dedicate	바치다
	delicate	섬세한, 미묘한
61	define	정의를 내리다
	confine	한정하다; 가두다
	refine	정련하다; 세련하다
62	degree	정도; 학위
	decree	법령, 명령
63	delicate	섬세한; 민감한
	dedicate	바치다, 헌납하다
64	describe	묘사하다
	inscribe	파서 새기다
	prescribe	규정하다; 처방하다
	subscribe	정기 구독하다
65	desert	사막
	desert	버리다; 탈주하다 공적
	desert	공과; 공적; 장점
	dessert	후식, 디저트
66	differ	다르다
	defer	미루다, 연기하다

67	difference	차이
	deference	존경, 복종
68	discipline	훈련
	disciple	문하생, 제자
69	discuss	토론하다
	discus	원반; 원반던지기
70	disease	질병
	decease	사망(하다)
71	dispense	분배하다
	disperse	흩어지게 하다
72	dose	투약하다; 1회 복용량
	doze	졸다; 선잠
73	down	아래로
	dawn	새벽
74	draft/draught	도안; 징병
	drought	가뭄, 한발
75	either	(둘 중) 하나의
	ether	창공; 정기; 에테르
76	elect	선거[선출]하다
	erect	직립한; 똑바로 세우다
77	emergence	출현
	emergency	비상사태
78	eminent	저명한; 훌륭한
	imminent	긴박한, 절박한
79	emit	발산하다, 방출하다
	omit	～을 빠뜨리다; 생략하다
80	ethic	윤리, 도덕
	ethnic	인종의, 민족의
81	exact	정확한
	extract	뽑다, 추출하다; 추출물
82	excel	능가하다, 뛰어나다
	exceed	초과하다

83	except	제외하다
	excerpt	발췌(하다)
84	exercise	운동, 연습(하다)
	exorcise	귀신을 쫓아내다
	excise	소비세(를 부과하다)
85	existent	현존하는
	extinct	불이 꺼진; 사멸한
	distinct	뚜렷한; 별개의
	instinct	본능
86	expand	팽창하다
	expend	소비하다
	extend	연장하다
87	export	수출(하다)
	expert	전문가; 숙련된
88	fairy	요정(의), 요정 같은
	fairly	상당히, 꽤
89	fare	운임, 차 삯
	fee	요금
	fine	벌금
	fear	두려움
90	favor	호의, 친절
	flavor	맛, 풍미
91	form	형태; 형식
	firm	단단한; 상회, 회사
92	gem	보석(jewel)
	germ	세균
93	genius	천재
	genus	종류, 부류, 속(屬)
	genuine	진짜의, 순수한
94	gentle	점잖은, 온화한
	gentile	이방인, 이교도
	genteel	가문이 좋은, 훌륭한
95	gloss	광택(을 내다)
	gross	거친; 뚱뚱한; 총체적인
96	glove	장갑
	globe	지구본; 지구
	grove	작은 숲
	groove	홈(을 파다)
97	habit	습관
	inhabit	~에 살다, 서식하다
98	hospital	병원
	hospitable	환대하는; 극진한
99	hospitality	환대, 접대
	hostility	적개심, 적대행위
100	hungry	배고픈, 굶주린
	Hungary	헝가리
101	illusion	환영, 환각, 착각
	allusion	암시, 넌지시 알려줌
102	imitate	모방하다
	intimate	친밀한; 암시하다
	intermediate	중간의
103	immorality	부도덕
	immortality	불사, 불멸, 불후
104	impair	손상시키다
	repair	수선(하다), 수리(하다)
105	improve	개선시키다
	approve	찬성하다, 승인하다
	reprove	꾸짖다, 나무라다
106	imprudent	경솔한
	impudent	뻔뻔스러운
107	include	포함하다
	conclude	결론을 짓다
108	inherent	고유의, 타고난
	coherent	응집성의; 조리 있는

109	intensive	강한, 집중적인
	extensive	폭넓은, 광범위한
	incentive	자극제
110	interact	상호작용을 하다
	intact	손대지않은, 손상되지않은
111	interrupt	가로막다, 중단시키다
	interpret	통역하다; 해석하다
112	invade	침략하다
	evade	피하다, 회피하다
113	keen	예리한; 열중한
	kin	친척, 혈통
114	lava	용암
	larva	애벌레, 유충
115	leap	껑충 뛰다, 도약하다
	reap	베어 들이다, 수확하다
116	lend	빌려주다
	rent	임대차하다
117	liter	리터
	litter	(가축의) 깔짚; 어질러놓다
118	loyal	충성스러운; 충신
	royal	왕의
119	loyalty	충성; 성실
	royalty	왕위, 왕권; 저작권사용료
120	magnet	자석
	magnate	부호; 거물; ~왕
121	marry	결혼하다
	merry	즐거운
122	martial	전쟁의
	marshal	육군원수; 연방보안관
	marital	결혼의; 부부의
	maritime	해상의; 해운상의
123	marvel	놀라운 일; 놀라다
	marble	대리석
124	mash	으깨다; 으깬 것
	mesh	그물코, 망사
125	mediate	중재하다
	meditate	명상하다
	medicate	약물 치료하다
126	message	전갈(을 전하다)
	massage	마사지(하다)
127	minister	목사; 장관
	minster	대사원
128	mommy	엄마
	mummy	미이라
129	moral	도덕적인
	morale	사기, 의욕
	mortal	죽을 운명의, 숙명의
130	nature	자연
	mature	성숙한
	nurture	양육(하다)
131	neat	산뜻한, 깔끔한
	knit	뜨개질하다
132	notable	주목할만한; 유명한
	noticeable	눈에 띄는, 현저한
	notorious	악명 높은
133	novel	소설; 새로운(new)
	noble	귀족(의), 고귀한
134	order	명령(하다)
	odor	냄새, 악취
135	parish	교구(敎區)
	perish	멸망하다
136	pasture	목초지; 방목하다
	posture	자세, 태도(를 취하다)
137	patient	인내심 있는; 환자
	patience	인내
	patent	특허(권)(의)

138	persecute	박해하다
	prosecute	기소하다
139	perspective	원근법; 통찰력
	prospective	예기되는, 장래의
140	phase	단계; 국면
	phrase	어구
141	pistol	권총
	pistil	암술(↔stamen 수술)
142	plague	전염병
	plaque	액자, 장식판
143	poplar	포플러 나무
	popular	대중의, 인기 있는
	populous	인구가 조밀한; 붐비는
144	popularity	인기(→popular)
	population	인구(→populous)
145	portable	휴대용(의)
	potable	마실 수 있는
146	portion	일부; 부분; 몫
	potion	(약의) 1회 복용량
147	precede	앞서다, 선행하다
	proceed	나아가다, 진행하다
148	prejudice	편견
	privilege	특권
149	preposition	전치사
	proposition	제안, 제의; 계획
150	preserve	보존하다
	reserve	예약하다
	conserve	보존하다, 보호하다
	persevere	인내하다
151	prevent	막다, 방지하다
	protect	보호하다
152	proper	적절한
	prosper	번영하다, 번창하다
153	pun	말장난, 재담
	fun	장난, 놀이; 즐거움
154	reality	실재, 현실
	realty	부동산(real estate)
155	receipt	영수(증)
	recipe	요리법, 조리법
156	receive	받다
	deceive	속이다
157	recent	최근의
	resent	분개하다
158	reflect	반사, 반영하다
	refract	(광선을) 굴절시키다
159	region	지역
	religion	종교
160	remember	기억하다
	remind	생각나게하다, 상기시키다
161	resemble	닮다
	assemble	모으다; 조립하다
162	reputation	평판; 명성
	refutation	논박, 반박
163	resin	나무의 진; 송진
	raisin	건포도
164	revelation	폭로; 계시, 발현
	revolution	혁명
	evolution	진화
165	reverse	역, 반대(로 하다)
	reserve	예약하다; 남겨두다
166	revolve	공전하다
	rotate	자전하다
167	roll	구르다
	loll	축 늘어지다[늘어뜨리다]

168	runway	활주로
	runaway	도망자, 탈주자
169	salon	객실; 전람회장; 가게
	saloon	큰 홀, 식당, 술집
170	savor	맛, 풍미
	saver	구조자; 저축가
	savior	구조자, 구세주
171	scare	깜짝 놀라게 하다
	scarce	부족한, 결핍된
172	scold	꾸짖다
	scald	끓는 물에 데다
173	severe	엄한; 심한
	sever	절단하다
174	simulate	흉내[모의실험]하다
	stimulate	자극[격려]하다
175	source	근원, 원천, 출처
	sauce	소스(로 간을 맞추다)
176	split	쪼개다
	spill	(엎지르다)의 과거
177	stable	안정된; 마구간
	staple	주요한; 주요산물
178	status	지위, 신분
	statue	조각상
	stature	키, 신장(height)
	statute	성문율, 법규(law)
179	stern	엄격한
	stun	망연자실하게 하다
180	stimulate	자극하다
	simulate	흉내내다; 모의훈련하다
181	study	공부, 연구(하다)
	sturdy	억센, 힘센, 완강한
182	sue	고소하다
	suit	소송; 신사복 한 벌
	suite	일행; 호텔의 복합 룸
183	surgeon	외과의사; 군의
	sergeant	하사관, 병장; 경사
184	sweet	달콤한
	sweat	땀(을 흘리다)
185	thirsty	목마른
	thrifty	검소한
186	through	～을 통하여
	thorough	철저한
	though	비록 ～이지만
187	tight	빈틈이 없는; 꼭 끼는
	thigh	넓적다리
188	tough	튼튼한, 강인한
	rough	거친,다듬어지지 않은
189	uniformed	제복차림의
	uninformed	통보받지못한; 무식한
190	vacation	방학
	vocation	직업
	avocation	부업
191	vague	모호한
	vogue	유행
192	veteran	퇴역군인; 노련가
	veterinarian	수의사
193	warship	군함
	worship	숭배(하다)
194	yawn	하품(하다)
	yearn	동경하다; 열망하다
	yarn	직물용 실; 모험담

1	abundant aboundant	풍부한 (X)	17	privilege previlege	특권 (X)
2	argument arguement	논쟁 (X)	18	pronunciation pronounciation	발음 (X)
3	delivery delievery	배달 (X)	19	receipt receit	영수증 (X)
4	dependent dependant	의존하는 (X)	20	receive recieve	받다 (X)
5	favorite favorate	좋아하는 (X)	21	relieve releive	구제하다 (X)
6	fiery firey	불의, 불같은 (X)	22	repetition repeatition	반복 (X)
7	independent independant	독립한 (X)	23	scissors sissers	가위 (X)
8	indispensable indispensible	필수 불가결한 (X)	24	separate seperate	분리하다 (X)
9	judgment judgement	재판, 심판 (거의 안 쓰임)	25	twelfth twelveth	12번째(의) (X)
10	knowledge knowlege	지식 (X)	26	vacuum vacum	진공 (X)
11	lightning lightening	번개 (X)			
12	Massachusetts Massachusets	매사추세츠 (X)			
13	Mississippi Mississippi	미시시피 (X)			
14	nevertheless neverthless	그럼에도불구하고 (X)			
15	ninth nineth	9번째(의) (X)			
16	noticeable noticable	주목할만한 (X)			

[1-10] 다음 각 문장의 [/] 안에 주어진 단어 중 알맞은 것을 고르시오.

1. You will find the keys **[beside/besides]** the book on the table.
2. Everyone in the class **[expect/except]** John agreed to the plan.
3. He **[wandered/wondered]** where on earth I had obtained the book.
4. Dave likes chocolate ice-cream for **[dessert/desert]**.
5. Could you give me the **[receipt/recipe]** for this wonderful dish?

6. Tom is a philatelist; He **[collects/corrects]** stamps.
7. He returned home late last night because of the **[terrible/terrific]** party.
8. Learning a foreign language requires **[repetition/reputation]**.
9. We must **[adapt/adopt]** ourselves to the rapidly changing world.
10. His father works for the hospital; he is a **[physician/physicist]**.

Notes

| 1.beside | 2.except | 3.wondered | 4.dessert | 5.recipe |
| 6.collects | 7.terrific | 8.repetition | 9.adapt | 10.physician |

해석

1. 너는 탁자 위의 그 책 [옆에 있는 / 게다가] 열쇠꾸러미를 볼 수 있을 것이다.
2. John을 [기대하다 / 제외한] 그 반 모두가 그 계획에 찬성했다.
3. 그는 도대체 내가 그 책을 어디서 얻었는지를 [배회했다 / 궁금해했다].
4. Dave는 [후식 / 사막]으로 초콜릿 아이스크림을 즐겨먹는다.
5. 이 놀라운 요리의 [영수증 / 요리법]을 주시겠습니까?

6. Tom은 우표수집가이다; 그는 우표를 [모으다 / 옳게 고치다].
7. 그는 그 [무시무시한 / 아주 멋진] 파티 때문에 어젯밤 집에 늦게 돌아왔다.
8. 외국어 학습은 [반복 / 명성]을 필요로 한다.
9. 우리는 빠르게 변화하는 세계에 [적응하다 / 채택하다]해야만 한다.
10. 그의 아버지는 병원에 근무한다; 그는 [내과의사 / 물리학자]이다.

11. Many passengers were **[abroad/aboard]** the Titanic.

12. Every citizen has free **[access/excess]** to the Internet

13. There was a shooting **[accident/incident]** near here last night.

14. The children were **[scared/sacred]** at the thunder and lightning.

15. We laughed out to hear the new teacher's queer **[ascent/accent]**.

16. He speaks English **[fluently/frequently]** as if he were a native speaker.

17. Never was a man more **[conscious/conscientious]** than he.

18. The species of men and apes **[involved/evolved]** from a single ancestor.

19. Work is **[preceding/proceeding]** slowly.

20. The book sells well; it is now in its sixtieth **[edition/addition]**.

Notes

11.aboard	12.access	13.incident	14.scared	15.accent
16.fluently	17.conscientious	18.evolved	19.proceeding	20.edition

해석

11. 타이타닉 호에는 많은 승객들이 그 배에 [해외에/**승선하고**] 있었다.

12. 모든 시민이 인터넷에 자유롭게 [**접근**/초과]할 수 있다.

13. 어제 밤 이 근처에서 총격 [사고/**사건**]이 있었다.

14. 아이들은 천둥 번개에 [**깜짝 놀란**/신성한] 겁먹었다.

15. 우리는 새로 온 선생님의 이상한 [상승/**억양**]을 듣고서 웃음을 터뜨렸다.

16. 그는 마치 원어민인 것처럼 영어를 [**유창하게**/빈번하게] 말한다.

17. 일찍이 그 사람만큼 [의식이 있는/**양심적인**] 사람은 없었다.

18. 인간과 유인원 종들은 단일 조상에게서 [포함했다/**진화했다**].

19. 작업이 더디게 [선행되고/**진행되고**] 있다.

20. 그 책은 잘 팔린다; 그 책은 이제 60[**판**/더하기]째이다.

[21–30] 다음 각 문장의 [/] 안에 주어진 단어 중 알맞은 것을 고르시오.

21. After reading volume 1, he **[preceded/proceeded]** to read another.

22. Hot desert air give the **[allusion/illusion]** that things are nearer.

23. The new **[addition/edition]** of his book is now printing.

24. We have not been **[formally/formerly]** introduced yet.

25. Sweden is one of the most **[affluent/effluent]** nations in Europe.

26. The bears **[wandered/wondered]** for food from place to place.

27. The birds are busily **[picking/peeking]** at the bread.

28. Six boys joined the game **[beside/besides]** me.

29. The boss ordered to **[cease/seize]** ordering unnecessary articles.

30. Everyone likes the food **[accept/except]** Tom.

Notes

21.proceeded	22.illusion	23.edition	24.formally	25.accent
26.wandered	27.picking	28.besides	29.cease	30.except

해석

21. 제1권을 읽은 후 그는 다음 권으로 [앞서 나아갔다 / **진행했다**].

22. 뜨거운 사막공기는 사물이 더 가까이에 있다는 [암시 / **착각**]을 준다.

23. 그의 책의 새 [더하기 / **판**]이 지금 인쇄되고 있는 중이다.

24. 우리는 아직 [**정식으로** / 이전에] 소개받지 못했다.

25. 스웨덴은 유럽에서 가장 [**부유한** / 유출[방출]하는] 국가들 중의 하나이다.

26. 그 곰들은 먹이를 찾아 이곳 저곳을 [**배회했다** / 궁금해했다].

27. 새들이 부지런히 빵을 [**쪼아먹고 있다** / 엿보고 있다].

28. 나 [옆에 / **이외에도**] 여섯 명의 아이들이 게임에 참가했다.

29. 사장님이 불필요한 물품의 주문을 [**중지하다** / 쥐다]도록 명령했다.

30. Tom을 [받아들이다 / **제외하고**] 모두가 그 음식을 좋아한다.

31. It's happy to find one's real [**vacation/vocation**].

32. It is a [**decent/dissent**] thing to replace the books on the shelf.

33. The pillars stand on the bottom at a right [**angel/angle**].

34. Animals find it hard to [**adapt/adopt**] to their new circumstances.

35. You may not have [**access/excess**] to the files without permission.

36. The [**Status/Statue**] of Liberty stands on Liberty Island.

37. The Jewish prisoners were released by the King's [**decree/degree**].

38. Your advice will have no [**effect/affect**] on his decision.

39. His business is good when viewed in [**perspective/prospective**].

40. Could you give me the [**receipt/recipe**] for the dish?

Notes

31.vocation	32.decent	33.angle	34.adapt	35.access
36.statue	37.decree	38.effect	39.perspective	40.recipe

해석

31. 자신의 [방학 / 천직]을 발견하는 것은 행복한 것이다.

32. 책을 서가에 도로 꽂는 것이 [예절바른 / 의견을 날리하나] 것이다.

33. 기둥들은 바탕 위에 식각으로 서 있다 / [천시 / 각도].

34. 동물들은 그들의 새로운 환경에 [적응하다 / 채택하다]하는데 어려움을 겪는다.

35. 여러분은 허가 없이 그 파일에 [접근 / 초과]할 수 없습니다.

36. 자유의 여신상[지위, 신문 / 조각상]은 Liberty Island에 서 있다.

37. 유대인 포로들은 그 왕의 [칙령 / 정도]에 의해 해방되었다.

38. 너의 충고는 그의 결정에 아무런 [영향 / 영향을 주다]도 주지 못할 것이다.

39. 그의 사업은 전체적 시야로[전망 / 장래의] 보면 좋다.

40. 그 요리의 [영수증 / 요리법]을 알려 주시겠습니까?

1 (A), (B), (C)의 각 [/] 안에서 문맥에 맞는 어휘를 골라 짝지은 것으로 가장 적절한 것을 고르시오.

Can our sense of smell **(A)[affect/effect]** our sense of taste? To answer that question, a **(B)[physician/physicist]** of a medical college conducted an experiment. Subjects in the study were given soups, sweet one first and sour one second, with their nose stuffed up.

Surprisingly they didn't tell the difference; they told that different foods all tasted the same. Then they tasted the same soups, smelling enough. This time all of them told the difference **(C)[expect/except]** a person who couldn't smell with a cold.

	(A)		(B)		(C)
①	affect	……	physicist	……	except
②	affect	……	physician	……	except
③	affect	……	physicist	……	except
④	effect	……	physician	……	expect
⑤	effect	……	physicist	……	expect

1

medical college 의대
subject 실험대상자; 주어
tell the difference 차이를 구별하다

conduct 실행하다
stuff up nose 코를 틀어막다

2 (A), (B), (C)의 각 [/] 안에서 문맥에 맞는 어휘를 골라, 짝지은 것으로 가장 적절한 것은?

Our teacher quickly finished talking, and the children hid the Taegeuk flag under the clothes. Soon the Japanese soldiers, with their swords drawn, rushed into the classroom. Their leader was a wicked man with a red face and hard eyes. The atmosphere was **(A) [terrific/terrible]**. We children were **(B)[scared/sacred]** to death, and sat motionless in their seats, trembling with fear.

The leader looked around the classroom, turned to our teacher, and asked, "What are you teaching?"

"Japanese, sir," said our teacher in a **(C)[quite/quiet]** voice.

(A)	(B)	(C)
① terrific ……… scared ……… quite
② terrific ……… sacred ……… quite
③ terrible ……… scared ……… quite
④ terrible ……… sacred ……… quite
⑤ terrible ……… scared ……… quiet

---

2 flag 기, 깃발   saber 군도, 칼
   wicked 사악한   hard eyes 날카로운 눈

1 (A), (B), (C)의 각 [/] 안에서 문맥에 맞는 어휘를 골라 짝지은 것으로 가장 적절한 것을 고르시오.

> Buffaloes are one of the animals (A)[prevented/protected] by the animal project of the American government. Thanks to the buffalo project, their (B)[popularity/population] has increased despite the loss of the woods. That happened because buffaloes have adapted quite nicely to life in the newly expanded (C)[pasture/posture] due to a series of great mountain fires. As a matter of fact, Mother Nature finds her way to nurture her living things like this.

	(A)	(B)	(C)
①	prevented	popularity	posture
②	prevented	population	posture
③	protected	popularity	posture
④	protected	population	pasture
⑤	protected	popularity	pasture

---

1 thanks to ~덕택에 a series of 일련의~
Mother Nature 자연 nurture 양육(하다), 기르다

2

(A), (B), (C)의 각 [/] 안에서 문맥에 맞는 어휘를 골라, 짝지은 것으로 가장 적절한 것은?

> If someone should **(A)[loose/lose]** much blood, for example, in an accident, he will be carried to an **(B)[emergence/emergency]** room and get a blood transfusion. However, special care must be taken in selecting new blood for him. If the blood is too different from his own, the transfusion could kill him. Everybody is born with one of the four basic types of blood, A, B, AB, and O. Blood type, like hair color and height, is inherited from his/her parents. A simple test can **(C)[predict/indicate]** a person's blood type.

	(A)	(B)	(C)
①	loose	emergency	indicate
②	loose	emergence	indicate
③	lose	emergency	indicate
④	lose	emergence	predict
⑤	lose	emergency	predict

2　blood transfusion 수혈　　　　　inherit 유전하다, 물려받다

3 (A), (B), (C)의 각 [/] 안에서 문맥에 맞는 어휘를 골라 짝지은 것으로 가장 적절한 것을 고르시오.

Americans consume ten pounds of ice cream per person a year on the average. Sometimes we suffer from a severe headache when eating ice creams. This type of headache is also known as brain freeze. It is the result of the rapid **(A)[constriction/construction]** of blood vessels by cooling and rapid swelling by rewarming in the roof of the mouth. Brain-freeze pain lasts about 20 seconds. I also like ice-cream **(B)[cone/corn]**. The solution that I arrived at, is to consume the cold food or liquid at a slower rate, not to buy a bottle of pain-killing **(C)[pills/peels]**.

(A)	(B)	(C)
① constriction	cone	pills
② constriction	cone	peels
③ construction	cone	pills
④ construction	corn	peels
⑤ construction	corn	pills

---

3   on the average 평균적으로   suffer from ~을 앓다, 겪다
blood vessel 혈관   swell 부풀다
pain-killing 진통의

4

(A), (B), (C)의 각 [/] 안에서 문맥에 맞는 어휘를 골라, 짝지은 것으로 가장 적절한 것은?

Boston is my **(A)[favorite/favorate]** city. Boston is the capital city of the state of Massachusetts. Boston is the **(B)[ninth/nineth]**-largest metropolitan area in the States. Founded in 1630, Boston sought to remain **(C)[separate/seperate]** from England and be independent. Nevertheless, the pronunciation in Boston is close to that in England. Without Boston, New England would be like a vacuum. Boston, having many colleges and universities, enjoys the privileges of education and is **(D)[abundant/aboundant]** in good human resources. They say, "An able man is **(E)[indispensable/indispensible]**".

	(A)	(B)	(C)	(D)	(E)
①	favorate	ninth	seperate	abundant	indispensible
②	favorate	nineth	seperate	aboundant	indispensible
③	favorite	ninth	seperate	abundant	indispensible
④	favorite	nineth	separate	aboundant	indispensable
⑤	favorite	ninth	separate	abundant	indispensable

---

4   capital 수도; 대문자; 자본   metropolitan 수도의; 대도시의
sought seek (추구하다)의 과거형   vacuum 진공

동일어원에서 파생한 혼동하기 쉬운 단어

✓ 시험에 꼭 나오는 동일어원의 파생어

다음 단어들은 동일어원에서 파생된 유사어들로서 철자나 뜻이 유사하여 혼동하기 쉽다. 시험에 거의 빠지지 않고 출제되는 중요한 단어들이다.

1 명사 · 형용사는 /s/, 동사는 /z/로 발음되는 단어

1	advice [ədvais]	충고	6	use [ju:s]	사용
	advise [ədvaiz]	충고하다		[ju:z]	사용하다
2	close [klous]	장치, 고안(품)		usage	사용법; 관례
	close [klouz]	고안하다	7	abuse [ju:s]	남용
3	device [divais]	장치, 고안(품)		[ju:z]	남용하다
	devise [divaiz]	고안하다	8	misuse [ju:s]	오용
4	excuse [ikskj:s]	용서; 변명		[ju:z]	오용하다
	[ikskj:z]	용서하다	9	prophecy [prafəsi]	예언
5	house [haus]	집		prophesy [pra:fəsai]	예언하다
	[hauz]	숙박[수납]하다			

2 명사형 · 동사형을 혼동하기 쉬운 단어

1	breath	숨, 호흡	5	restrain	억제하다, 제지하다
	breathe	숨쉬다, 호흡하다		restraint	억제, 제지
2	envelop	싸다(wrap); 봉하다	6	chop	자르다, 패다, 썰다; 조각
	envelope	봉투		chip	잘게 썰다; 조각
3	complain	불평하다	7	sell	팔다
	complaint	불평		sale	판매
4	constrain	제한[규제]하다	8	strike	치다, 때리다
	constraint	제한, 규제		stroke	타격, 일격

1	board	판자; 승선하다
	aboard	배[비행기]를 타고
2	broad	넓은
	abroad	해외로[에]
3	temporary	일시적인; 임시의
	contemporary	동시대의
4	biannual	일년에 두 번의
	biennial	2년 생의, 2년마다의
5	civil	시민의; 시민사회의
	civic	시민의; 시의
6	critic	비평가
	critical	비평의; 위기의; 결정적인
7	astrology	점성술
	astronomy	천문학
8	odd	홀수의; 이상한
	odds	유리한 조건; 가능성
9	shadow	그림자
	shade	그늘; 차양, 커튼
10	refuge	피난, 피난처
	refugee	피난민, 망명자
11	suspicion	혐의
	suspect	용의자

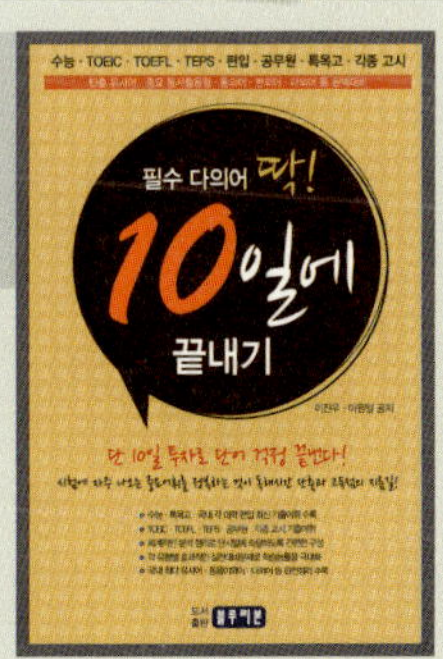

**각종 영어시험에서 빠지지 않고 출제되는 다의어!
그러나 일일이 찾아보기에는 시간만 많이 걸리고
지치게 하는 다의어**

마침내 최고의 다의어 결정판 출간!

✓ 필수 중요 다의어의 국내 최고 · 최다 완전 정리 수록
✓ 다의어의 뜻 · 예문 · 해석이 한 눈에 쏙 들어오도록 편집
✓ 체계적인 분석 · 정리로 단시일에 익히도록 간편하게 구성

1	adhere	1.들러붙다, 부착하다	→	adhesion	부착, 접착(력)
				adhesive	접착제, 테이프, 반창고
		2.집착[고수]하다	→	adherence	집착, 고수; 충실, 지지
		3.지지[신봉]하다	→	adherent	지지자; 당원; 신자

| 2 | admit | 1.허락하다, 인정하다 | → | admission | 입장, 입학; 입장료 |
| | | 2.입장을 허가하다 | → | admittance | 입장, 입장허가 |

cf) No Admittance 입장금지
Admission Free 입장료 무료

3	affect	1.영향을 미치다	→	effect	영향
		2.감동시키다	→	affection	애정
		3.~인 체하다, 가장하다	→	affectation	~체함, 가장

4	arm	1.무장[장갑]시키다	→	arms	무기, 병기, 화기(weapon)
				army	군; 육군; 큰 무리[떼]
				armament	군사력, 군비; 무기, 병기
				armada	함대; 군용 비행단
		2.장비[장착]하다	→	armor	갑옷, 장갑; 방호복; 기갑부대
				armory	병기고(arsenal); 조병창
				armature	(이빨·가시 등) 방호기관

| 5 | attend | 1.~에 주의를 기울이다 | → | attention | 주의, 주목 |
| | | 2.~에 참석하다 | → | attendance | 참석 |

6	base	1.기초	→	base	기초(를 두다)
			→	basis	기초, 근거
		2.낮은; 비천한	→	bass	베이스((남성저음))

| 7 | benefit | 1.이익 | → | beneficence | 선행, 은혜, 자선행위 |
| | | 2.은혜, 은전 | → | beneficiary | (연금·보험 등의) 수혜자 |

8	clear	1.맑은, 투명한	→	clarity	명쾌함, 투명함
		2.밝은	→	clearness	밝기; 명료도
		3.제거된, 정리된	→	clearance	정리, 정돈
9	confer	1.수여하다, 주다	→	conferment	수여, 서훈
		2.협의하다	→	conference	협의, 회
10	contain	1.담고 있다	→	content	내용물
				content	만족한→contentment 만족
		2.억누르다	→	containment	억제, 봉쇄
11	contract	1.계약하다	→	contract	계약하다; 계약(서)
		2.수축하다, 줄어들다	→	contraction	수축, 단축, 축소
12	critical	1.비평가의; 비판적인	→	criticism	비평, 비판
		2.위기의	→	crisis	위기
13	create	창조하다, 창작하다	→	creation	창조
				creature	창조물, 생물
14	destine	1.예정해두다	→	destination	목적지, 행선지
		2.운명짓다	→	destiny	운명, 숙명
15	deliver	1.배달하다	→	delivery	배달
		2.구원하다	→	deliverance	구출, 해방
16	domestic	1.가정의	→	domesticity	가정생활, 가정적임
		2.길들인	→	domestication	길들임, 교화

| 17 | easy | 1.쉬운, 용이한 | → | easiness 용이함, 편함 |
| | | 2.편안한, 안락한 | → | ease 편함, 용이함 |

cf) with easiness=easily 쉽게
at ease=comfortable 편안한

| 18 | humiliate | 굴욕감을 느끼게 하다 | → | humility | 겸손, 비하 |
| | | | | humiliation | 굴욕, 창피 |

| 19 | identify | 1.동일시하다 | → | identity | 동일함; 정체성, 주체성 |
| | | 2.신원을 파악하다 | → | identification | 신원확인; 신분증 |

20	initiate	1.시작하다	→	initial	처음의; 머릿글자(의)
				initiation	개시, 시작, 창업
		2.발의하다	→	initiative	시작; 주도권; 발의권; 처음의

| 21 | institute | 설립하다 | → | institute | 설립하다; 연구소 |
| | | | → | institution | 설립; 제도 |

22	line	1.계통, 가계	→	lineal	직계의, 정통의
		2.선, 줄, 주름	→	linear	선모양의
			→	lineate	평행한 줄무늬가 있는
				liny	선[주름]이 많은

| 23 | live | 1.살다 | → | life | 삶 |
| | | 2.생계를 이어가다 | → | living | 생계 |

| 24 | magnify | 확대하다 | → | magnification | 확대 |
| | | | → | magnitude | 크기; 광도; 진도 |

| 25 | object | 1.물건; 목적; 목적어 → | objective | 목표물(의); 목적; 객관적인 |
| | | 2.반대하다 → | domestication | 이의, 반대 |

26	observe	1.관찰하다 →	observation	관찰
		2.준수하다; 명절을 쇠다 →	observatory	관측소
			observance	준수; 명절을 쇰

| 27 | order | 1.정돈, 질서 → | orderly | 정돈된, 규율이 있는 |
| | | 2.순서, 차례 → | ordinal | 서수의, 차례를 나타내는 |

28	original	1.원래의	origin	기원, 원천, 원점
		2.독창적인 →	original	독창적인; 원형, 원본, 원서
			originality	독창성, 창의력

| 29 | palm | 1.손바닥 → | palmar | 손바닥의 |
| | | 2.손바닥 모양의 것 → | palmate | 손바닥 모양의; 물갈퀴가 있는 |

| 30 | part | 1.부분 → | partly | 부분적으로 |
| | | 2.편 → | partial | 불공평한, 편파적인 |

| 31 | period | 기간, 시대 → | periodic | 주기적인; 시대의 |
| | | | periodical | 정기간행물(의) |

| 32 | percent | 100 당 → | percent | 수사 + percent |
| | | → | percentage | (small · large) + percentage (low · high) |

cf) 70 percent, high percentage

33	present	1.출석한, 참석한	→	presence	출석, 참석
		2.현재(의)	→	present	현재
		3.ⓐ증정하다	→	presentation	ⓐ증정, 수여
		ⓑ제출하다	→		ⓑ발표, 제출
		ⓒ상연하다	→		ⓒ공연, 상연
34	proceed	1.나아가다	→	process	진행, 과정, 공정; 가공(처리)하다
		2.계속하다	→	procession	행렬(을 지어 나아가다)
		3.절차를 밟다	→	procedure	진행, 경과; 절차, 수속
35	produce	생산하다	→	produce	생산하다; 농산물
				product	공산품
				production	생산
				productivity	생산성
36	safe	안전한	→	save	저축하다
				safe	안전한; 금고
				safety	안전, 안전장치
				saving	절약하는; 절약
				savings	저금
37	sign	1.기호	→	sign	기호; 신호; 서명하다
		2.신호(하다)	→	signal	신호(를 보내다)
		3.서명하다	→	signature	서명(하기)
38	succeed	1.성공하다	→	success	성공 → (successful)
		2.계승하다	→	succession	연속, 계승 → (successive)
39	suspend	1.매달다; 정지 · 보류하다	→	suspension	매달기; 미결; 정지
		2.(마음을) 불안하게 하다	→	suspense	서스펜스, 긴장감

명사가 복수로 변하면, 단수일 때의 의미 이외에도 다른 특별한 의미를 갖게 되는 것들이 있다. 이러한 것을 분화복수(differentiated plurals)라 한다.

1	advice	충고	13	copper	구리
	advices	통지, 보고		coppers	잔돈
2	air	공기	14	custom	관습
	airs	뽐내는 꼴		customs	관세, 세관; 관습들
3	antenna	안테나	15	effect	영향, 결과, 효과
	antennas	안테나의 복수		effects	동산물건(動産物件)
	antennae	곤충 더듬이의 복수	16	facility	쉬움(ease)
4	arm	팔		facilities	시설
	arms	무기; 팔들	17	good	이익, 선
5	ash	재		goods	상품
	ashes	유골	18	honor	명예
6	authority	권위		honors	훈장, 서훈; 의례
	authorities	당국, 관계자	19	interest	관심; 흥미; 이자
7	belonging	소속		interests	이익(profit)
	belongings	소유물; 소지품	20	letter	문자
8	brain	뇌		letters	문학
	brains	지력, 두뇌	21	manner	방법, 방식
9	brother	형제		manners	예절
	brothers	형제들	22	mean	평균치; 중앙; 중용
	brethren	동포		means	수단; 재산
10	cloth	천, 헝겊	23	measure	측정
	cloths	천들		measures	조치
	clothes	옷	24	minute	분
11	color	색깔		minutes	의사록, 회의록
	colors	기, 깃발; 색깔들	25	mountain	산
12	content	만족한; 내용물		mountains	산맥
	contents	목차			

26	number	수
	numbers	운문, 시
27	pain	고통, 아픔
	pains	수고, 노력
28	paper	종이; 신문
	papers	서류, 문서
29	part	부분
	parts	재능; 지방
30	penny	페니
	pennies	(동전의) 개수
	pence	가격
31	proceed	나아가다; 발생하다
	proceeds	수입, 수익금
32	property	재산
	properties	특성
33	provision	규정, 준비, 공급
	provisions	식량

34	quality	품질
	qualities	특성
35	quarter	1/4
	quarters	숙소
36	ruin	멸망(하다)
	ruins	폐허
37	sale	판매
	sales	매출액, 판매고
38	sand	모래
	sands	사막
39	sky	하늘
	skies	날씨
40	time	시간
	times	시대; 배, 곱
41	water	바다
	waters	영해

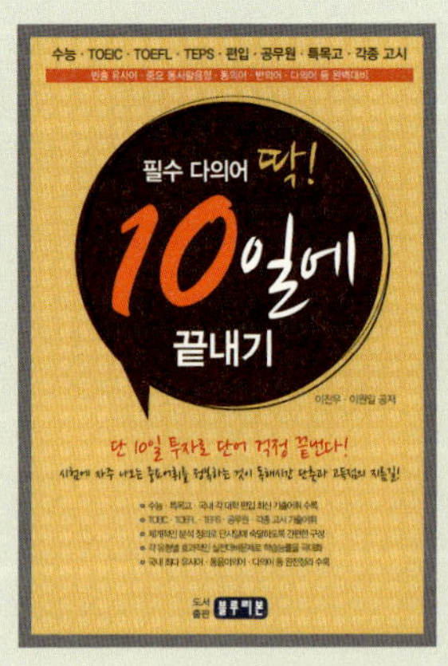

각종 영어시험에서 빠지지 않고 출제되는 다의어!

이 책에서는 지면 관계상 꼭 필요한 다의어들만을 간추려 실었습니다.
충분한 양의 필수 중요 다의어는 이 책의 제2권인
《필수 다의어 딱10일에 끝내기(450개의 다의어 수록)》
에 수록되어 있습니다.

(A), (B), (C) 각 [/] 안에서 문맥에 맞는 어휘를 골라, 짝지은 것으로 가장 적절한 것을 고르시오.

> Nowadays almost all the crafts or vehicles are equipped with the innovative navigating device, GPS(or Global Positioning System) receiver. The satellites in medium Earth orbit transmit **(A)[signs/signals]** to GPS receivers to determine the driver's location(longitude, latitude, and altitude), speed, direction and **(B)[destination/destiny]**. Since first developed for the purpose of astronomy, a GPS receiver has become an indispensable aid to navigation and one of the best-selling **(C)[good/goods]**.

	(A)	(B)	(C)
①	signs	destination	good
②	signals	destination	goods
③	signs	destination	good
④	signals	destiny	goods
⑤	signs	destiny	good

Notes
craft 항공기, 선박　　orbit 궤도　　transmit 전송히디
longitude 경도　　latitude 위도　　altitude 고도
astronomy 천문학　　indispensable 필수 불가결한

해석　오늘날 거의 모든 항공기와 차량에는 혁신적인 항법장치인 GPS 수신기가 장착되어 있다. 지구 중간궤도에 있는 인공위성들이 GPS 수신기에 **(A)[표시/신호]**를 전송하여 운전자의 위치(경도, 위도, 고도),속도, 방향, 그리고 **(B)[목적지/운명]**을 결정하게 한다. 천문학 목적으로 처음 개발된 이래, GPS 수신기는 운행에 필수 불가결한 보조장치이자 베스트 셀러 **(C)[이익/상품]** 중의 하나가 되었다.

정답　②

[1-10] 다음 각 문장의 [/] 안에 주어진 단어 중 알맞은 것을 고르시오.

1. Could you give me some **[advice/advise]** on this work?

2. The movie director tends to be too **[critic/critical]** on foreign films.

3. Standing on the summit, he took a deep **[breath/breathe]**.

4. **[Admission/Admittance]** free for children of six years or under.

5. Be modest; don't put on **[air/airs]**.

6. The car is equipped with the innovative navigating **[devise/device]**.

7. We have no **[object/objection]** to your idea.

8. Wipe the surface of your shoes with a soft **[clothes/cloth]**.

9. Look over the table of **[contents/content]** before you read the main text.

10. The fishing boats are fishing in international **[water/waters]**.

Notes

1.advice	2.critical	3.breath	4.Admission	5.airs
6.device	7.objection	8.cloth	9.contents	10.waters

해석

1. 이 업무와 관해 [조언/조언하다]을 좀 해주시오.

2. 그 영화감독은 외국영화에 대해 너무 [비평가/비판적인] 경향이 있다.

3. 정상에 서서 그는 [숨/숨쉬다]을 한 번 깊이 들이마셨다.

4. 6세 이하는 [입장료/입장] 무료

5. 겸손하라; [공기/잘난 체하다]지 말라.

6. 그 차는 혁신적인 항법[장치하다/장치]가 장착되어 있다.

7. 우리는 네 의견에 [목적/이의]가 없다.

8. 구두의 표면을 부드러운 [옷/천]으로 닦아라.

9. 책의 본문을 읽기 전에 [목차/만족한]를 대강 훑어 보라.

10. 어선들이 국제적 [물/바다](공해)에서 조업하고 있다.

11. Witches were believed to have the gift of [**prophecy/prophesy**].

12. He is a scientist; he majored in [**astrology/astronomy**].

13. The shop sells fresh [**product/produce**] like fruits and vegetables.

14. This old [**custom/customs**] is a relic of the barbaric times.

15. Our company usually sends [**good/goods**] by air freight.

16. People offer an [**odd/odds**] number of flowers as a gift.

17. I was beyond [**restrain/restraint**] to hear the glad news.

18. Workers are required to wear helmets for [**safe/safety**].

19. Water has cleansing [**properties/property**].

20. We should keep pace with the [**time/times**].

Notes

11.prophecy	12.astronomy	13.produce	14.custom	15.goods
16.odd	17.restraint	18.safety	19.properties	20.times

해석

11. 마녀는 [예언 / 예언하디] 능력이 있는 것으로 믿어졌었다.

12. 그는 과학자이다; 그는 [점성술 / 천문학]을 전공하였다.

13. 그 상점은 과일과 야채와 같은 신선한 [공산품 / 농산물]를 판매한다.

14. 이 오래된 [관습 / 세관]은 야만 시대의 유물이다.

15. 우리 회사는 보통 [이익 / 상품]을 항공화물로 보낸다.

16. 사람들은 꽃을 선물로 줄 때 [홀 / 가능성]수로 준다.

17. 그 기쁜 소식을 듣고 나는 [억제하다 / 억제]할 수 없었다.

18. 작업자들은 [금고 / 안전]을 위해 헬멧을 써야한다.

19. 물은 더러운 것을 정화하는 [특성 / 재산]이 있다.

20. 우리는 [시간 / 시대]와 보조를 맞추어야 한다.

[21-30] 다음 각 문장의 [/] 안에 주어진 단어 중 알맞은 것을 고르시오.

21. Happiness lies in [content/contentment].

22. The tree makes a cool [shade/shadow] to rest under.

23. The manager is never late to take necessary [measure/measures].

24. Just be more careful with your [belonging/belongings].

25. He's working as a [temporary/contemporary] during the vacation.

26. The [arm/arms] race can lead to the end of our humankind.

27. The [observance/observation] of the festival includes fireworks.

28. Candid Kate has no [affection/affectation] to others at all.

29. The opera singer masked to conceal his [identity/ identification].

30. A strong earthquake with the [magnification/magnitude] of 7.5 took place.

Notes

21.contentment 22.shade 23.measures 24.belongings
25.temporary 26.arms 27.observance 28.affectation
29.identity 30.magnitude

해석

21. 행복은 [내용/만족]에 있다.
22. 그 나무는 밑에서 쉴 수 있는 시원한 [그늘/그림자]을 드리운다.
23. 그 매니저는 필요한 [측정/조치]를 취하는데 결코 늦는 법이 없다.
24. [소속/소지품]에 더 주의하시기 바랍니다.
25. 그는 방학 동안에 [임시직/동시대 사람]로 일하고 있다.

26. [팔/무기; 군비] 경쟁이 인류의 종말로 이끌 수 있다.
27. 그 축제 [준수; 쇰; 행사/관찰]에는 불꽃놀이가 포함되어 있다.
28. 솔직한 케이트는 남들에 대해 전혀 [애정/꾸밈]이 없다.
29. 그 오페라 가수는 자신의 [신원/신분증(명)]을 감추기 위해 마스크를 썼다.
30. [확대/진도] 7.5 규모의 강진이 발생했다.

31. The **[process/procedure]** for making steel is complex.
32. High **[percent/percentage]** of the English people prefer tea to coffee.
33. Our factory has excellent automatic **[facility/facilities]**.
34. They fought against the mass killing of their **[brothers/brethren]**.
35. They do nothing but seek their own **[interests/interest]**.

36. Each metal has its own unique **[qualities/quality]**.
37. He's a man of great **[mean/means]**, but he leads a thrifty life.
38. Please place your valuables in this **[safe/safety]**.
39. He complimented the little girl on her good **[manner/manners]**.
40. The **[sale/sales]** of our company reached $8 billion for the first time this year.

Notes

31.process   32.percentage   33.facilities   34.brethren   35.interests
36.qualities   37.means   38.safe   39.manners   40.sales

해석

31. 강철을 만드는 [공정 / 진행]은 복잡하다.
32. 높은 [백분율 / 백분율; 비율]의 영국국민들이 커피보다는 차를 더 좋아한다.
33. 우리 공장에는 뛰어난 자동화 [쉬움 / 시설]이 있다.
34. 그들은 [형제들 / 동포]의 대량 살해에 대항해서 싸웠다.
35. 그들은 오로지 자신들의 [이익 / 관심]만을 추구한다.

36. 각 금속은 고유의 [특성 / 품질]을 가지고 있다.
37. 그는 대단한 [평균치 / 재산]을 가진 사람[재산가]이지만 검소한 삶을 산다.
38. 귀중품들은 이 [금고 / 안전]에 보관하시오.
39. 그는 어린 소녀의 훌륭한 [방법 / 예절]을 칭찬해 주었다.
40. 우리 회사의 [판매 / 매출액]이 올해 처음으로 80억 달러에 이르렀다.

1 (A), (B), (C)의 각 [/] 안에서 문맥에 맞는 어휘를 골라 짝지은 것으로 가장 적절한 것을 고르시오.

The amusement park include regular entertainments, mechanical amusements, sports fields, boat rides, restaurants and other resort **(A)[facility/facilities]**. The park collects much of its revenue from admission fees paid by guests attending the park. Other revenue sources include parking fees, food and beverage sales and souvenirs. The park is admission free for children under six. For the sake of the **(B)[safe/safety]**, the roller coaster runs only in fair skies, and is no **(C)[admittance/admission]** to the children under age 9.

	(A)	(B)	(C)
①	facility	safe	admittance
②	facility	safe	admission
③	facilities	safe	admittance
④	facilities	safety	admission
⑤	facilities	safety	admittance

1
amusement park 놀이공원, 유원지
beverage 마실 것, 음료(drink)
for the sake of ~ ~을 위하여

revenue 세입(income), 수익
souvenir 기념품
fair skies 맑은 날씨

2

(A), (B), (C)의 각 [/] 안에서 문맥에 맞는 어휘를 골라, 짝지은 것으로 가장 적절한 것은?

A time capsule is like a safe in which a great deal of invaluable information of an age is locked. It is usually intended as a method of communication with future people. Time capsules are buried with the intention that they will be opened at a future date. Time capsules are filled with such **(A)[content/contents]** as photographs, newspapers, books and citizens' **(B)[belonging/belongings]**. These articles help future archaeologists, anthropologists or historians to understand the phases of the times and the **(C)[temporary/contemporary]**.

	(A)	(B)	(C)
①	content	belonging	contemporary
②	contents	belonging	contemporary
③	content	belongings	contemporary
④	contents	belongings	temporary
⑤	content	belongings	temporary

---

2 time capsule 후세에 남길 자료를 넣어 지하 등에 묻어두기 위한 용기
invaluable 신경질적인; 초조한   article 물품   archaeologist 고고학자
anthropologist 인류학자   phase 상, 국면; 단계, 형세

1

(A), (B), (C)의 각 [/] 안에서 문맥에 맞는 어휘를 골라 짝지은 것으로 가장 적절한 것을 고르시오.

The modern English term Easter is derived from the name of an Anglo-Saxon goddess of the dawn, Eostre. The **(A)[observation/ observance]** of the Easter festival is a tradition of the European native religion, called Druidism.

The Easter comes after the Spring Equinox in **(B)[astrology/ astronomy]**. Early Christian groups, landed in Europe, tried to destroy the Easter due to its European native religious roots. The native religious **(C)[custom/customs]** of Easter, however, was borrowed and adopted by the new foreign religion.

	(A)	(B)	(C)
①	observation	astrology	customs
②	observance	astrology	customs
③	observation	astrology	custom
④	observance	astronomy	custom
⑤	observation	astronomy	custom

---

1   term 용어   Easter 부활절   derive 유래하다
dawn 새벽   Druidism 드루이드교《기독교 이전 유럽 토착종교의 하나》
Spring[Vernal] Equinox 춘분

2. (A), (B), (C)의 각 [/] 안에서 문맥에 맞는 어휘를 골라, 짝지은 것으로 가장 적절한 것은?

The early settlers in the New World lived in the houses built of wood. They built wood buildings based on their traditions but adapted to the materials, climate, and topography. Immigrants came from all parts of the world to make a **(A)[life/living]** in the New World. So the types of historic houses in America are diverse. Log houses and plank houses which were framed with **(B)[board/aboard]** were common. Early settlers had to take great **(C)[pain/pains]** to saw lumber into boards. Stone and brick buildings were also popular.

(A)	(B)	(C)
① living	board	pains
② living	aboard	pains
③ life	board	pains
④ life	aboard	pain
⑤ life	board	pain

---

2 tradition 전통 adapt 적응하다 topography 지세, 지형, 지형학
diverse 다양한 log 통나무 plank 널빤지, 넓은 판자(>board)
saw 톱(으로 켜다) lumber 재목; 벌채[제재]하다

3 (A), (B), (C)의 각 [/] 안에서 문맥에 맞는 어휘를 골라 짝지은 것으로 가장 적절한 것을 고르시오.

Witches were believed to be foretell. Her **(A)[prophecy/prophesy]** came true. Probably the most obvious characteristic of a witch was the ability to cast a spell. Spell is the **(B)[mean/means]** to carry out a magical action. In the Dark Ages in Europe, numerous innocent women were charged with witches and burned at the stake. Even the science, especially **(C)[astrology/astronomy]**, was blamed to be anti-religious. Current statistics of the number of innocent people executed for witchcraft reach about 140,000.

	(A)	(B)	(C)
①	prophecy	mean	astrology
②	prophesy	mean	astrology
③	prophecy	mean	astronomy
④	prophesy	means	astronomy
⑤	prophecy	means	astronomy

3

witch 마녀
innocent 무죄인, 결백한
current 현재의
execute 처형하다

spell 주문(을 걸다)
burn at the stake 화형에 처하다
statistics 통계학(sl.); 통계수치(pl.)
witchcraft 마법, 요술

4

(A), (B), (C)의 각 [/] 안에서 문맥에 맞는 어휘를 골라, 짝지은 것으로 가장 적절한 것은?

An abacus is a calculating device, probably of Babylonian or Chinese origin, and the ancestor of the modern computer. It was such an extensive and efficient **(A)[manner/manners]** of calculation that learning it was beyond **(B)[complain/complaint]**. In performing addition, four beads are full in the lower section, a bead in the upper section representing **(C)[odd/odds]** number is moved to the dividing bar. The abacus, generally in the form of a large calculating board, was in universal use.

	(A)	(B)	(C)
①	manner	complaint	odds
②	manner	complaint	odd
③	manners	complaint	odds
④	manners	complain	odd
⑤	manners	complain	odds

4

abacus 주판　　　　　　calculate 계산하다
ancestor 조상　　　　　extensive 광범위한
addition 더하기, 덧셈　　bead 구슬
universal 보편적인

✔ 시험에 꼭 나오는 동음이의어

동음이의어는 음은 같으나 뜻이 다른 단어이다. 동음이의어는 시험에서 빠짐 없이 출제된다.
특히 듣기에서도 매우 중요하여 평소 정확히 익혀두지 않으면 엉뚱한 의미로 해석하기 쉽다.

❶ 시험에 꼭 나오는 동음이의어 Ⅰ – 출제빈도 최상위 50 단어

1	air	공기	13	fair	공정한
	heir	상속인		fare	찻삯, 요금
2	altar	제단	14	flea	벼룩
	alter	변경하다		flee	달아나다
3	ascent	상승, 오름; 승진	15	flour	밀가루
	assent	동의(하다)		flower	꽃
4	aural	귀의, 청각의	16	heal	병을 고치다, 치료하다
	oral	입의; 구두의		heel	(발)뒤꿈치
5	bare	벌거벗은	17	lessen	줄이다
	bear	곰; 낳다; 견디다		lesson	수업, 교훈
6	bough	큰 가지	18	miner	광부
	bow	절하다 cf) bow 활		minor	미성년자; 2류의
7	brake	브레이크, 제동장치	19	knight	기사
	break	깨다, 부수다		night	밤
8	berry	열매	20	plain	평평한; 명백한; 쉬운
	bury	묻다, 매장하다		plane	평면, 비행기
9	collar	깃	21	pray	기도하다
	color	색깔		prey	먹이(로 삼다)
10	complement	보완(하다), 보어	22	principal	주요한; 교장
	compliment	찬사, 칭찬(하다)		principle	원리, 원칙
11	council	평의회, 지방의회	23	sail	돛; 출범하다
	counsel	상담, 조언(하다)		sale	판매
12	die	죽다 (→dying)	24	stationary	정지한, 정체된
	dye	염료; 염색하다(→dyeing)		stationery	문방구

(A), (B), (C) 각 [/] 안에서 문맥에 맞는 어휘를 골라, 짝지은 것으로 가장 적절한 것을 고르시오.

> The Egyptian guides seem to regard the temple as a museum rather than the temple that it is. Just one course to the Pharaoh's **(A)[alter/altar]** is open, and many barricades prevent tourists from wandering, and signs remind tourists to walk only on the tour carpet. If one takes a step **(B)[foreword/forward]** to the display stand, sensors ring a bell on the **(C)[ceiling/sealing]**. A guide said, "how could you keep people walking on the carpet course, surrounded thousands of years of treasures?"

(A)	(B)	(C)
① alter ……… foreword ……… sealing
② alter ……… forward ……… sealing
③ alter ……… foreword ……… ceiling
④ altar ……… forward ……… ceiling
⑤ altar ……… foreword ……… ceiling

Notes barricade 바리케이드, 방책   display stand 진열대   treasure 보물

해석 다이집트의 가이드들은 사원을 사원 그대로 보기보다는 박물관으로 여기는 듯 하다. 파라오의 **(A)[변경하다/제단]**으로 가는 길은 오직한 코스만 열려있으며, 많은 바리케이드로 관광객들이 배회하지 못하도록 막고 있으며, 표지판들이 관광객들로 하여금 관광안내표시 카펫위로만 걷도록 상기시키고 있다. 만일 누군가 진열대로 한 걸음만 **(B)[서문/앞으로]** 내딛는다면 센서가 **(C)[천장/봉인]**에 달려있는 종을 울린다. 한 가이드는, "수 천년의 보물들로 둘러싸인 가운데, 어떻게 사람들로 하여금 카펫 깔린 코스로 걷게 유지시킬 수 있겠어요?"라고 말했다.

정답 ④

1	aid	돕다; 도움		16	carat	캐럿((보석용량단위))
	aide	보좌관			carrot	당근
2	ant	개미		17	cart	짐마차, 손수레
	aunt	아주머니			carte	식단표, 메뉴; 명함
3	arc	호(弧), 원호(圓弧)		18	ceiling	천장
	ark	노아의 방주; 성궤			sealing	봉인, 날인
4	baron	남작		19	cell	작은 방; 세포; 건전지
	barren	불모의			sell	팔다
5	base	기초, 토대		20	censor	검열하다; 검열관
	bass	저음의, 저음(가수)			sensor	감지창치
6	beach	바닷가, 해안		21	cereal	곡식의, 곡물로 만든
	beech	너도밤나무			serial	연속물; 일련의
7	beat	치다; 이기다		22	champagne	샴페인
	beet	사탕무우			champaign	평야, 평원
8	bell	종, 방울		23	chili	고추의 일종
	belle	미인, 미소녀			Chile	칠레
9	birth	탄생			chilly	차가운
	berth	((배·기차의)) 침대		24	colonel	육군대령
10	block	덩어리			kernel	낱알, 핵심
	bloc	단체, 연합체		25	core	속, 핵심
11	bridal	신부의; 혼례의			corps	군단, 단체, 단
	bridle	말굴레, 고삐		26	coarse	결이 거친, 조잡한
12	broach	꼬챙이, 송곳			course	진로, 과정
	brooch	브로치		27	coo	(비둘기가) 꾹꾹 울다
13	cannon	대포			coup	(불시의) 일격; 대성공
	cannon	경전; 규범		28	coop	닭장(에 가두다)
14	canvas	범포, 캔버스			coupe	소형 자동차
	canvass	조사하다; 선거운동하다		29	creak	삐걱거리다
15	capital	수도			creek	후미, 작은 만
	Capitol	국회의사당		30	cue	신호, 단서, 힌트
					queue	땋은 머리; 줄, 열

31	dam	댐, 둑		47	fisher	어부
	damn	저주하다, 욕하다			fissure	갈라진 틈
32	dear	친애하는, 귀여운		48	formally	공식적으로
	deer	사슴			formerly	이전에는
33	desert	사막		49	forth	앞으로
	desert	버리다; 탈주하다			fourth	제4의
	dessert	디저트		50	forward	앞으로
34	dew	이슬			foreword	머리말, 서문
	due	지불기일이 된; 마땅한		51	foul	더러운, 반칙의
35	discreet	분별있는, 지각있는			fowl	가금, 닭
	discrete	분리된, 별개의		52	frank	솔직한
36	doe	암사슴			franc	프랑(화폐단위)
	dough	밀가루 반죽		53	gate	문, 출입문
37	dual	둘의, 2중의			gait	걸음걸이
	duel	결투(하다)		54	gild	도금하다
38	earn	벌다, 획득하다			guild	상인단체, 동업조합
	urn	항아리, 단지		55	hair	머리카락
39	ensure	안전[확실]하게 하다			hare	산토끼
	insure	보험 들다; 보증하다		56	hall	홀, 회관
40	eve	전날 밤, 전야제			haul	끌어당기다, 운반하다
	eave	처마; 차양		57	hanger	옷걸이; 교수형집행자
41	faint	희미한; 기절하다			hangar	격납고(에 넣다)
	feint	(공격하는) 시늉(하다)		58	hay	건초
42	faun	목축의 신(=Pan)			hey	이봐, 어이
	fawn	새끼사슴; 엷은 황갈색		59	herd	가축 떼
43	feat	공적, 공훈			heard	들었다(hear의 과거형)
	feet	발의 복수		60	heroine	여주인공
44	fiance	약혼자			heroin	헤로인
	fiancee	약혼녀		61	him	그를, 그에게
45	fin	지느러미			hymn	찬송가
	Finn	Finland 사람		62	hoard	저장물, 축적
46	fir	전나무			horde	유목민[유랑민] 무리
	fur	모피				

63	hole whole	구멍 전체(의), 완전한	79	mall maul	산책로 큰 나무망치, 떡메	
64	holy wholly	신성한 전적으로	80	main mane	주요한 (사자의) 갈기	
65	horse hoarse	말 목쉰	81	maze maize	미로, 미궁; 당황 옥수수(=corn)	
66	hue hew	빛깔, 색조 (도끼로) 패다, 자르다	82	meat meet	고기 만나다	
67	idle idol	일이 없어 놀고있는 우상	83	medal meddle	메달, 기장 간섭하다	
68	insight incite	통찰(력) 선동하다, 자극하다	84	metal mettle	금속 기질, 기개; 용기	
69	isle aisle	섬, 작은 섬 (좌석사이의) 통로	85	morning mourning	아침 초상, 비탄	
70	its it's	그것의 it is/has 의 축약형	86	muscle mussel	근육 홍합	
71	key quay	열쇠; 사주, 모래톱 방파제, 부두, 선창	87	naval navel	해군의 배꼽; 중심점, 중앙	
72	knead need	반죽하다 필요로 하다	88	none nun	아무도 ~않다 수녀	
73	lead led	납 lead(이끌다)의 과거(분사)	89	oar ore or	노(를 젓다) 광석 또는, 혹은	
74	lone loan	혼자의, 고독한 대부(하다)	90	our hour	우리의 한 시간	
75	load lode	짐(싣다) 광맥	91	pain pane	고통 창유리	
76	loot lute	전리품, 약탈하다 류트(현악기)	92	pair pear	한 쌍 배	
77	lumber lumbar	재목 허리(부분)의	93	palate palette	구개, 입천장; 미각 팔레트, 조색판	
78	mail male	우편(물) 남성(의)	94	pale pail	창백한 들통, 버킷	

95	pea	완두(콩)	111	role	배역, 역할
	pee	오줌(누다)		roll	구르다
96	peace	평화	112	root	뿌리
	piece	조각		route	길, 노선, 항로
97	peak	뾰족한 끝; 절정	113	sack	자루
	peek	살짝 엿보다(peep)		sac	(생물의) 낭, 액낭, 기낭
98	peal	(소리가) 울리다	114	scent	냄새, 향
	peel	껍질을 벗기다		cent	센트($)
99	pedal	페달, 발판		sent	send의 과거(분사)
	peddle	행상하다	115	sea	바다
100	pier	부두, 선창, 방파제		see	보다
	peer	동료; 귀족; 필적하다	116	seaman	선원, 항해자
101	pistol	권총		semen	정액(=sperm)
	pistil	암술(↔stamen 수술)	117	seed	씨앗
102	plum	자두(나무), 오얏(나무)		cede	양도하다, 할양하다
	plumb	추, 연추	118	sensor	감지 장치
103	plural	복수(의)		censor	검열하다; 검열관
	pleural	늑막의	119	serf	농노; 노예
104	pole	막대, 장대; 극		surf	밀려오는 파도
	poll	투표, 여론조사	120	sew	바느질하다
105	pour	퍼붓다		sow	씨뿌리다
	pore	구멍			cf) sow[sau] 암퇘지
106	profit	이익	121	shear	큰 가위(로 베다)
	prophet	예언자		sheer	얇은; 순수한
107	rain	비	122	sight	시각; 시계, 조망
	rein	고삐, 구속		cite	인용하다
	reign	통치, 지배		site	대지, 건축용지, 부지
108	read	읽다	123	signet	도장, 인장
	reed	갈대		cygnet	새끼백조
109	ring	반지; 울리다	124	slay	살해하다
	wring	쥐어짜다, 비틀다		sleigh	썰매(를 타다)
110	roam	거닐다, 배회하다	125	sole	유일한; 발바닥(창)
	Rome	로마		soul	영혼

126	some	약간의		142	toe	발가락
	sum	총계, 합계; 개요			tow	끌다, 견인하다
127	son	아들		143	troop	무리, 군대
	sun	태양			troupe	(배우 · 곡예) 흥행단
128	sore	아픈, 쓰린		144	vain	헛된, 공허한
	soar	치솟다, 급상승하다			vein	정맥
					vane	바람개비
129	stair	계단		145	vale	골짜기, 계곡
	stare	응시(하다)			veil	베일
130	steak	스테이크		146	waist	허리
	stake	말뚝(을 박다)			waste	낭비하다
131	steal	훔치다		147	wait	기다리다
	steel	강철			weight	무게
132	straight	곧은; 똑바로		148	ware	제품, 기물
	strait	해협			wear	입다; 닳다
133	style	문체, 양식		149	wave	파도, 물결(치다)
	stile	해협			waive	권리를 포기하다, 철회
134	succor	구조(하다),원조(하다)		150	way	길; 방법
	sucker	빠는 것, 젖먹이			weigh	무게를 달다
135	suit	소송; 정장 한 벌		151	weather	날씨
	soot	그을음, 검댕; 매연			whether	~인지 아닌지
136	summary	요약, 적요		152	week	주(週)
	summery	여름의			weak	약한
137	sweet	단; 단맛		153	which	어느 쪽, 어느 것
	suite	일행, 수행원; 한 벌			witch	마녀
138	tail	꼬리		154	while	~하는 동안
	tale	이야기			wile	간계, 계략
139	team	팀, 조		155	yoke	멍에(를 얹다)
	teem	충만하다, 풍부하다			yolk	(계란의) 노른자위
140	tigress	암범, 암호랑이				
	Tigris	티그리스강				
141	timber	목재, 재목				
	timbre	음색, 음질				

1	bow	[bou]	활	8	present	[preznt]	현재의; 선물
		[bau]	인사하다			[prizent]	증정하다; 제출하다
2	converse	[kanvəs]	대화하다	9	resume	[rizu:m]	다시 시작하다
		[kanvəs]	반대의, 거꾸로의			[rezumei]	이력서
3	digest	[daidʒest]	요약	10	row	[rou]	노젓다
		[didʒest]	소화시키다			[rau]	법석, 소동
4	intimate	[intimit]	친근한	11	sewer	[sou]	하수도, 하수구
		[intimeit]	암시하다			[suə]	바느질기계, 재봉사
5	lead	[li:d]	인도하다	12	sow	[sou]	씨뿌리다
		[led]	납			[sau]	암퇘지
6	minute	[minit]	분	13	stingy	[stindʒi]	인색한
		[mainjut]	미세한, 상세한			[stinji]	(침으로) 쏘는, 날카로운
7	prayer	[prɛə]	기도	14	tear	[tiə]	눈물
		[preiə]	기도하는 사람			[tɛə]	찢다
				15	wind	[wind]	바람
						[waind]	감다

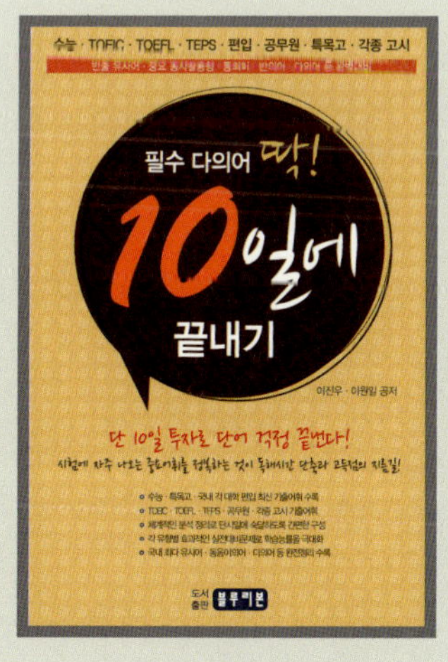

많은 수험생들과 교육현장의
선생님들로부터 수없이 받아 온 질문

충분한 양의 필수 중요 다의어를
정리해 놓은 좋은 책이 없을까?

학원가 고수 강사들이 추천하는 책,
필수 다의어 딱10일에 끝내기
(450개의 다의어 수록)

[1-10] 다음 각 문장의 [/] 안에 주어진 단어 중 알맞은 것을 고르시오.

1. Ottawa is the **[capital/Capitol]** of Canada.
2. She likes to be **[idol/idle]** and watch TV all day.
3. He is at the **[fourth/forth]** floor of the department store.
4. Have you decided **[weather/whether]** you would like to come?
5. The sunrise in the East Sea is a breathtaking **[cite/sight/site]**.

6. As you **[sew/sow]**, so shall you reap.
7. They reached the **[peak/peek]** of the hill.
8. It's on **[sale/sail]**; it sells like a hot cake.
9. We have not been **[formally/formerly]** introduced.
10. The city **[council/counsel]** will vote for his proposal.

Notes

1.capital	2.idle	3.fourth	4.whether	5.sight
6.sow	7.peak	8.sale	9.formally	10.council

해석

1. Ottawa는 캐나다의 [수도/국회의사당]이다.
2. 그녀는 하루종일 [우상/빈둥거리며] TV 보는 것을 좋아한다.
3. 그는 백화점 [4번째/앞으로]층에 있다.
4. 갈 것 [날씨/인지 아닌지] 결정하셨습니까?
5. 동해의 일출은 숨막히는 [인용하다/광경/대지]이다.

6. 씨를 [꿰매다/씨 뿌리다]는 대로 거둔다.
7. 그들은 언덕 [꼭대기/엿보다]에 도달하였다.
8. 그것은 [판매/돛] 중이다; 그것은 날개 돋친 듯이 팔리고 있다.
9. 우리는 [정식으로/이전에] 소개받지는 못했다.
10. 시 [의회/상담]는 그의 제안에 찬성 투표할 것이다.

11. Please drive the truck **[forward/foreword]** to the station.

12. They offered a sacrifice on the **[altar/alter]**.

13. At last the **[minor/miner]** found a rich lode of gold.

14. If the dough is too wet and soft, add a little **[flower/flour]**.

15. That may be the best **[complement/compliment]** of my life.

16. The referee gave a **[fair/fare]** decision.

17. Please get me some **[stationary/stationery]** on your way home.

18. You will be given a test of both **[oral/aural]** and written English.

19. I need to **[sow/sew]** a button onto my shirt.

20. Mr. Kim is the **[principle/principal]** of our school.

Notes

11.forward	12.altar	13.miner	14.flour	15.compliment
16.fair	17.stationery	18.oral	19.sew	20.principal

해석

11. 정기장으로 [앞쪽으로 / 서뮤] 트럭을 몰아라.

12. 그들은 희생제물을 [제단 / 변경하다]에 바쳤다.

13. 그 [미성년자 / 광부]는 마침내 풍부한 금맥을 발견했다.

14. 반죽이 너무 질척하면 [꽃 / 밀가루]를 조금 더 추가하세요.

15. 그것은 내 생애 최고의 [보충 / 칭찬]입니다.

16. 그 심판은 [공정한 / 요금] 판결을 내렸다.

17. 집에 오는 길에 몇 가지 [머무는 / 문구류]를 좀 사다주시겠습니까?

18. 여러분은 영어 [구두 / 청각]시험과 필기시험을 치게 된다.

19. 내 셔츠에 단주를 [씨 뿌리다 / 꿰매다] 달아야 한다.

20. 김 선생님이 우리 학교의 [원리 / 교장]이다.

[21-30] 다음 각 문장의 [/] 안에 주어진 단어 중 알맞은 것을 고르시오.

21. Congress is held in the [capital/Capitol].
22. We should not allow [minors/miners] to drink or smoke.
23. He rides a bike in the room; it's a [stationary/stationery] bike.
24. Candidates [canvass/canvas] the neighborhood from door to door.
25. Paparazzis try to [peak/peek] the private lives of the actress.

26. Your presence is a great [complement/compliment].
27. The 5,000 acres of land is the [cite/site] for the company.
28. He was [formally/formerly] a crown prince of an exiled kingdom.
29. The priest knelt down before the [altar/alter].
30. The old man gave a prayer[prɛɚ/preiɚ] at the thunder.

Notes

| 21.Capitol | 22.minors | 23.stationary | 24.canvass | 25.peek |
| 26.compliment | 27.site | 28.formerly | 29.altar | 30.[prɛɚ] |

해석

21. 국회는 [수도/**국회의사당**]에서 열린다.
22. 우리는 [**미성년자들**/광부들]에게 음주나 흡연을 허용해서는 안된다.
23. 그는 방에서 자전거를 탄다; 그것은 페달운동기([**정체하는**/문구류] 자전거)이다.
24. 후보자는 인근을 집집마다 [**투표를 간청하러 다닌다**/범포; 화포].
25. 파파라치들은 그 여배우의 사생활을 엿보려고 한다/[절정/**살짝 엿보다**].

26. 참석하여 주셔서 무한한 영광입니다/[보충/**칭찬**].
27. 5,000 에이커의 땅은 그 회사의 [인용하다/**대지**]이다.
28. 그는 [정식으로/**이전에**] 한 망명왕국의 황태자였다.
29. 사제가 [**제단**/변경하다] 앞에서 무릎을 꿇었다.
30. 그 노인은 천둥소리에 [**기도**/기도하는 사람]를 했다.

31. The runner came in at **[forth/fourth]** place in the marathon.

32. He has a great **[insight/incite]** into human nature.

33. Dave enjoys having chocolate ice cream for **[desert/dessert]**.

34. They give **[council/counsel]** to spend less fossil fuel.

35. Present an application along with your resume**[rizu:m/rezumei]**.

36. The **[weather/whether]** forecast predicts occasional showers.

37. She wrote a **[forward/foreword]** to his book.

38. Your **[ascent/assent]** to the manager is thanks to your devotion.

39. **[Lead/Led]** pipes are recently replaced by plastic tubes.

40. Don't be so stingy**[stindʒi/stiŋi]**; misers are slaves of money.

Notes

31.fourth	32.insight	33.dessert	34.counsel	35.[rezumei]
36.weather	37.foreword	38.ascent	39.lead	40.[stindʒi]

해석

31. 그 달리기선수는 마라톤에서 [앞으로 / **4번째로**] 들어왔다.

32. 그는 인간의 본성에 대한 대단한 [**통찰력** / 자극하다]을 가지고 있다.

33. Dave는 [사막 / **후식**]으로 초콜릿 아이스크림을 즐겨 먹는나.

34. 그들은 더 적은 화석연료를 쓰도록 [협회 / **조언**]한다.

35. [다시 시작하다 / **이력서**]를 첨부해서 지원서를 제출하시오.

36. [**날씨** / 인지 아닌지] 일기예보에 의하면 이따금 소나기가 내릴 것이라 한다.

37. 그녀가 그의 책에 [앞쪽으로 / **서문**]을 썼다.

38. 너의 부장으로의 [**상승; 승진** / 동의]은 너의 헌신 덕택이다.

39. [납 / lead의 발음은 / led /] 파이프는 근래에는 플라스틱 튜브로 교체되고 있다.

40. 인색하게 굴지 마라 / [**인색한** / (침으로) 쏘는]; 구두쇠는 돈의 노예이다.

1 (A), (B), (C)의 각 [/] 안에서 문맥에 맞는 어휘를 골라 짝지은 것으로 가장 적절한 것을 고르시오.

My 15-year-old daughter was searching for her first part-time job. Disappointments, however, mounted to the **(A)[peak/peek]** as she answered many help-wanted ads, only to be turned down because of age limitations. She decided on her next call to settle the important question first. "Do you hire **(B)[minors/miners]**?" she asked. It was **(C)[plain/plane]** that the other party got confused at her question. After a few seconds of silence came the reply: "Miners? Why? You only work underground?"

(A)	(B)	(C)
① peak	minors	plain
② peek	minors	plain
③ peak	miners	plain
④ peek	miners	plane
⑤ peak	miners	plane

---

1 mount 오르다, 올라가다
help wanted 사람을 구함, 구인 광고(↔ situation wanted 일자리 구함)
ad 광고(=advertisement)　　　　turn down 거절하다
settle 해결하다, 결정짓다　　　　underground 지하(의); 지하에서

2

(A), (B), (C)의 각 [/] 안에서 문맥에 맞는 어휘를 골라, 짝지은 것으로 가장 적절한 것은?

> When I started boxing and then decided to turn professional, it wasn't really a good **(A)[carrier/career]** option. There were not enough games. Even though I won most games and prizes, I wasn't making a **(B)[life/living]** at it. So I just figured I would probably do something else. Since I was always focused on boxing commentator, I thought at some point that I would write books on boxing. That was a turning point of my life. Since the publication, it sells like a hot cake; it's on **(C)[sail/sale]**.

(A)	(B)	(C)
① career	living	sail
② career	life	sail
③ career	living	sale
④ carrier	life	sale
⑤ carrier	living	sale

---

turn professional 프로로 전향하다   option 취사 선택(choice)
figure ~라고 생각하다   commentator 주석자, 해설자
a turning point 전환점, 전기   publication 출판

1 (A), (B), (C)의 각 [/] 안에서 문맥에 맞는 어휘를 골라 짝지은 것으로 가장 적절한 것을 고르시오.

In my job, selling fancy goods by telephone, I got involved in some pretty confusing conversations. Recently, when I called up a number, a **(A)[male/mail]** voice answered. I asked if I could speak to "the lady of the house." Sadly, the man replied, "My wife is **(B)[dying/dyeing]**, and cannot talk to anyone." I said how sorry I was, and he continued, "So am I. I wanted her to stay a blonde. I'm afraid her dark hair would make her face look **(C)[pale/pail]**."

	(A)	(B)	(C)
①	male	dying	pale
②	male	dyeing	pale
③	male	dying	pail
④	mail	dyeing	pail
⑤	mail	dying	pail

1

fancy goods 잡화, 장신구   get involved in ~에 말려들다
pretty 매우(very)   confusing 혼란시키는, 헷갈리는
call up 전화하다   blonde 금발의

2 (A), (B), (C)의 각 [/] 안에서 문맥에 맞는 어휘를 골라 짝지은 것으로 가장 적절한 것을 고르시오.

Mike is going to have a birthday soon. His friends are planning to give him a birthday present. Jane and Cathy decided to bake him some cookies. They looked up the cookbooks and found a good recipe for cookies.

"OK. Let's start," says Cathy.

"Now, please pour two cups of **(A)[flour/flower]** and milk into the bowl, and I'll knead. I'll make a **(B)[dough/doe]** first," said Jane.

Jane also starts to make fruit ice cream for **(C)[desert/dessert]**.

	(A)	(B)	(C)
①	flower	dough	dessert
②	flower	doe	desert
③	flour	dough	desert
④	flour	doe	dessert
⑤	flour	dough	dessert

2

bake 빵을 굽다, 빵을 만들다   look up (사전 등을) 찾아보다
recipe 요리법(how to cook)   kneed 반죽하다

3

(A), (B), (C)의 각 [/] 안에서 문맥에 맞는 어휘를 골라 짝지은 것으로 가장 적절한 것을 고르시오.

One Saturday Robert and his wife Barbara went shopping in a department store. The day was at the **(A)[peek/peak]** of the sale. As there was such a crowd that they became separated in front of the **(B)[stationary/stationery]** corner. He searched for his wife every floor in the department store, but all his efforts were in **(C)[vain/vein]**. He finally went to the information desk: "I need your help. Well, I have just lost my wife …". "Oh, I understand," the young girl politely said, "Mourning clothes are on the second floor left!"

	(A)	(B)	(C)
①	peek	stationary	vein
②	peek	stationery	vein
③	peak	stationary	vein
④	peak	stationery	vain
⑤	peak	stationary	vain

---

3 separate 분리하다; 분리된　　mourning 비탄; 애도; 초상
politely 공손하게

4 (A), (B), (C)의 각 [/] 안에서 문맥에 맞는 어휘를 골라, 짝지은 것으로 가장 적절한 것은?

The rock star was not learned or educated music and composition **(A)[formally/formerly]**, but he was enthroned as idol of the age in the hearts of many people. People still offer flowers on the altar of the rock music that he and his band group established. Though many singers did not get **(B)[fair/fare]** recognition, he fully enjoyed riches and fame. His business left to his children is also running smooth thanks to his fame. People still **(C)[compliment/ complement]** him on his excellent musical talent and achievements.

	(A)	(B)	(C)
①	formally	fair	compliment
②	formally	fare	compliment
③	formerly	fair	compliment
④	formerly	fare	complement
⑤	formerly	fair	complement

---

4   composition 작곡   enthrone 등극하다
idol 우상   altar 제단
recognition 인정

활용형을 혼동하기 쉬운 동사들

✔ 시험에 꼭 나오는 동사활용형

자동사(*vi*)와 타동사(*vt*)의 어형, 또는 동사의 활용형이 서로 비슷하여 혼동하기 쉬운 동사들이다. 시험 빈출 동사들로 철저하게 외워두어야 한다.

1 어형 · 활용형이 비슷해서 혼동하기 쉬운 동사 Ⅰ − 출제빈도 최상위 17 단어

1	fall - fell - fallen	떨어지다; 넘어지다 (*vi*)
	fell - felled - felled	넘어뜨리다 (*vt*)
2	find - found - found	발견하다 (*vi*)
	found - founded - founded	세우다, 설립하다 (*vt*)
3	lie - lied - lied	거짓말하다 (*vi*)
	lie - lay - lain	눕다; ~에 놓여있다 (*vi*)
	lay - laid - laid	눕히다; 놓다; 두다 (*vt*)
4	rise - rose - risen	떠오르다; 일어서다 (*vi*)
	raise - raised - raised	올리다; 일으키다; 기르다 (*vt*)
	arise - arose - arisen	일어나다, 발생하다 (*vi*)
	arouse - aroused - aroused	일깨우다 (*vt*)
5	see - saw - seen	보다 (*vi*)
	saw - sawed - sawed, sawn	톱질하다 (*vt*)
	sew - sewed - sewed, sewn	바느질하다 (*vt*)
	sow - sowed - sowed, sown	씨뿌리다 (*vi, vt*)
6	sit - sat - sat	앉다 (*vi*)
	seat - seated - seated	앉히다 (*vt*)

※ 그가 자리에 앉았다.

- He sat.
  = He seated himself. = He was seated.
  = He took a seat.

1	bind - bound - bound	묶다 *(vt)*
	bound - bounded - bounded	튀어 오르다*(vi)*; 튀어 오르게 하다*(vt)*
	bounce - bounced - bounced	튀어 오르다*(vi)*; 튀어 오르게 하다*(vt)*
2	bite - bit - bitten	물다 *(vt)*
	beat - beat - beaten	치다, 두드리다 *(vt)*
3	fly - flew - flown	날다 *(vi)*　　→ flight ⓝ 비행
	flee - fled - fled	달아나다 *(vi)* → flight ⓝ 도주
4	grin - ground - ground	갈다
	ground - grounded - grounded	기초하다; 벌로 외출금지하다
5	lend - lent - lent	빌려주다
	rent - rented - rented	임대[차]하다
	rend--rent--rent	찢다; 분열시키다
6	lose - lost - lost	잃다 ((loss ⓝ 손실))
	loosen - loosened - loosened	느슨하게 하다 ((loose ⓐ 느슨한))
7	wake - waked - waked / woke - woken	잠깨다(vi); 깨우다(vt)
	waken - wakened - wakened	잠깨다; 깨우다; 각성시키다
	awake - awoke - awoken	잠깨다; 깨우다; ⓐ 깨어있는
	awaken - awakened - awakened :	잠깨다; 깨우다
8	wound - wounded - wounded	부상당하다 *(vi)*
	wind - wound - wound	감다 *(vt)*
	[waind]　[waund]　[waund]	

1	bear - bore - ⸢born 　　　　　　⸤borne	태어나다 참다; 지니다; 낳다

※「태어났다」의 뜻이 by+행위자일 경우는 be borne by를 씀.

- He was born in New York. — 그는 New York에서 태어났다.
- John was borne by Mary. — John은 Mary가 낳은 아들이다.

2	⸢fly - flew - flown ⸤fled - fled ⸤flied - flied	날다 도망치다 (BE=Hee) (야구에서) 플라이를 치다
3	⸢hang - hung - hung ⸤hanged - hanged	걸다, 매달다 교수형에 처하다
4	shave - shaved - ⸢shaved 　　　　　　　　⸤shaven	면도하다 면도한
5	shine - ⸢shone - shone 　　　　⸤shined - shined	빛나다, 비추다 (*vi*) (구두 따위를) 광을 내다 (*vt*)
6	strike - struck - ⸢struck 　　　　　　　　⸤stricken	치다, 때리다 (*vi*) (공포 등에) 사로잡힌, 상처받은
7	work- ⸢worked-worked 　　　⸤wrought-wrought[ro:t]	일하다 초래하다, 세공하다, 작용하다

1 A - B - C 형

ⓐ choose - chose - chosen

ⓑ do - did - done
　undo - undid - undone　　　　　원상태로 돌리다

ⓓ eat - ate - eaten
　overeat - overate - overeaten　　과식하다

ⓔ go - went - gone
　undergo - underwent - undergone　겪다

ⓕ take - took - taken
　mistake - mistook - mistaken　　실수하다
　overtake - overtook - overtaken　따라잡다
　undertake - undertook - undertaken　착수하다

ⓖ write - wrote - written
　rewrite - rewrote - rewritten　　다시 쓰다

2 A - B - B 형

ⓐ hold - held - held

ⓑ lead - led - led　　　　　　cf) lead/led/ 납

ⓒ mean - meant - meant

ⓓ seek - sought - sought

ⓔ sleep - slept - slept
　oversleep - overslept - overslept　늦잠 자다

ⓕ understand - understood - understood
　misunderstand - misunderstood - misunderstood

ⓖ welcome - welcomed - welcomed
　※ welcome - welcame - welcome 으로 쓰지 않도록 주의

> ### 3 A－B－A형
>
> ⓐ come - came - come
> become - became - become
> overcome - overcame - overcome　　극복하다
>
> ⓑ run - ran - run
>
> ### 4 A－A－B형
>
> ⓐ beat - beat - beaten　　(연거푸) 두드리다
>
> ### 5 A－A－A형
>
> ⓐ burst - burst - burst 터지다
> ⓑ cast 던지다　　　　ⓒ cut 자르다　　　　ⓓ cost 비용이 들다
> ⓔ hit 치다　　　　　ⓕ hurt 다치게 하다　　ⓖ let ～하게 해주다
> ⓗ put 놓다　　　　　ⓘ quit 그만두다　　　ⓙ rid 없애다
> ⓚ set 놓다　　　　　ⓛ shed 흘리다　　　　ⓜ shut 닫다
> ⓝ split 쪼개다　　　ⓞ spread 펴다　　　　ⓟ upset 뒤엎다

5 명사형과 동사의 활용형을 혼동하기 쉬운 단어

> | 1 | choose - chose - chosen
choice | 고르다, 선택하다
ⓝ 선택 |
> |---|---|---|
> | 2 | light - lighted/lit - lighted/lit
light | 불을 붙이다
ⓝ 빛 |
> | 3 | shoot - shot - shot
shot | 쏘다 (*vi*)
ⓝ 발사 |
> | 4 | strike - struck - struck
stroke | 치다, 강타하다 (*vi*)
ⓝ 타격 |

(A), (B), (C) 각 [/] 안에서 문맥에 맞는 어휘를 골라, 짝지은 것으로 가장 적절한 것을 고르시오.

Our soccer team was originally (A)[found/founded] to promote the products of our company. Since 2010, our team has sought to promote international friendship. Our team took off a goodwill tour of seven countries last year. Our team (B)[wound/wounded] up the game by the score 3-1, 1-1 and 1-0. In goodwill matches, people (C)[welcame/welcomed] us warmly.

	(A)	(B)	(C)
①	found	wound	welcame
②	found	wounded	welcame
③	founded	wound	welcame
④	founded	wounded	welcomed
⑤	founded	wound	welcomed

Notes

originally 원래, 저음에는
international friendship 국제친선
goodwill tour 친선여행

promote 상품판매를 촉진히다
take off 이륙하다, 떠나다
goodwill match 친선경기

해석 우리 축구팀은 원래 우리 회사 상품을 판매촉진하기 위해 (A)[찾았다 /**설립되었다**]. 2010년 이래로, 우리 팀은 국제친선을 촉진해왔다. 우리 팀은 지난 해 7개국 방문친선여행을 떠났다. 우리 팀은 경기를 3:1, 1:1, 1:0의 스코어로 (B)[**마무리지었다**/부상당했다]. 친선경기에서 사람들은 우리를 열렬하게 (C)[철자틀림/**환영했다**].

정답 ⑤

[1–10] 다음 각 문장의 [/] 안에 주어진 단어 중 알맞은 것을 고르시오.

1. He **[fell/felled]** the tree with an ax.

2. He **[lay/laid]** down for a short nap.

3. Please **[sit/seat]** yourself in a chair.

4. John was **[borne/born]** by Mary.

5. She **[spread/spreaded]** butter and jam on bread.

6. She **[rose/raised]** her hand.

7. The workmen **[sawed/sewed]** and hammered all day.

8. I need to **[lose/loose]** some weight.

9. A landscape was **[hanged/hung]** on the wall.

10. I was **[leaded/led]** to the showcase with diamonds in it.

Notes

| 1.felled | 2.lay | 3.seat | 4.borne | 5.spread |
| 6.raised | 7.sawed | 8.lose | 9.hung | 10.led |

해석

1. 그가 도끼로 나무를 [떨어졌다 / 베어 넘어뜨렸다].

2. 그는 잠깐 낮잠을 자기 위해 [누웠다 / 눕혔다].

3. 의자에 앉으십시오.(=자신을 [앉으시오 / 앉히시오])

4. John은 Mary가 [낳은 / (변화형 틀림)] 아들이다.(be borne by)

5. 그녀가 빵에 버터와 잼을 펴 [발랐다 / (변화형 틀림)].

6. 그녀가 손을 [올라가다 / 들었다].

7. 인부들은 하루 종일 [톱질하고 / 바느질하고] 망치질했다.

8. 몸무게를 좀 [줄여야 / 느슨한]겠다.

9. 풍경화가 벽에 [교수형 당한 / 걸려 있는]있었다.

10. 나는 다이아몬드가 있는 진열장으로 [(변화형 틀림) / 안내되었다].

11. Our company was **[found/founded]** 10 years ago.

12. She **[laid/lay]** the baby down gently on the bed.

13. Don't **[beat/bite]** the hand that feeds you.

14. Corn is **[ground/grounded]** to powder for various use.

15. A surprise party for him was **[holded/held]** last night.

16. The big balloon **[rose/raise/arose]** above the plain.

17. I saw her **[sow/sew]** a button to my coat.

18. The crowd **[welcomed/welcame]** us with one voice.

19. He **[overeated/overate]** himself at the party.

20. He **[burst/bursted]** into tears with great joy.

Notes

11.founded	12.laid	13.bite	14.ground	15.held
16.rose	17.sew	18.welcomed	19.overate	20.burst

해석

11. 우리 회사는 10년 전에 [발견되었다 / **설립되었다**].

12. 그녀가 아기를 침대에 살며시 [**눕혔다** / 누웠다].

13. 먹이 주는 손을 [치지 / **물지**]마라(=은혜를 원수로 삶지 마라.)

14. 옥수수는 다양한 용도를 위해 [**갈아서** / 근거하여] 가루로 만들어진다.

15. 어젯밤 그를 위한 깜짝 파티가 [(변화형 틀림) / **열렸다**].

16. 그 큰 풍선이 평원 위로 [**떠올랐다** / 올리다 / 일어났다].

17. 나는 그녀가 코트에 단추를 [씨뿌리다 / **바느질하다**]는 것을 보았다.

18. 군중은 이구동성으로 우리를 [**환영하였다** / (변화형 틀림)].

19. 그는 그 파티에서 [(변화형 틀림) / **과식했다**].

20. 그는 너무나 기뻐서 와락 울음을 [**터뜨렸다** / (변화형 틀림)].

[21–30] 다음 각 문장의 [/] 안에 주어진 단어 중 알맞은 것을 고르시오.

21. He **[fell/felled]** trees to widen the road to the gate.

22. He **[lay/laid]** the book beside the vase on the desk.

23. Tom is grounded for a week for **[lying/laying]** to his Mom.

24. The book **[arose/aroused]** the students' curiosity.

25. The farmer reaped a good crop as he had **[sown/sawn]**.

26. The prisoners were **[bound/bounded]** with chains.

27. Relax! Take off your jacket and **[loose/loosen]** your tie.

28. Can I have my shoes **[shone/shined]**?

29. People **[wellcomed/welcomed]** our products with open arms.

30. A religious trouble in the nation **[wound/wounded]** up in a war.

Notes

21.felled	22.laid	23.lying	24.aroused	25.sown
26bound	27.loosen	28.shined	29.welcomed	30.wound

해석

21. 그는 문으로 향하는 길을 넓히기 위해 나무들을 [넘어졌다 / **넘어뜨렸다**].

22. 그는 책상 위의 꽃병 옆에 책을 [누웠다 / **놓았다**].

23. Tom은 엄마한테 [**거짓말해서** / 놓아서] 일주일 동안 외출금지 당했다.

24. 그 책은 학생들의 호기심을 [일어났다 / **일깨웠다**].

25. 농부는 [**씨를 뿌렸기** / 톱질했기] 때문에 풍성한 추수를 거두어 들였다.

26. 죄수들은 사슬로 [**묶여져 있었다** / 튀어 오르다-자동사는 수동태로 쓸 수 없음].

27. 편히 하라! 재킷을 벗고 넥타이를 [느슨한 / **느슨하게 하라**].

28. 구두 좀 닦아주시오[빛나다 / **닦다**].

29. 현지 주민들이 우리 회장님을 중심으로 [철자 틀림 / **환영하였다**].

30. 그 나라에서의 종교적 갈등이 결국에는 전쟁으로 [**마무리지어졌다** / 부상당했다].

31. Thousands of trees are illegally **[fallen/felled]** every year.
32. It was found that the Foundation was **[found/founded]** in 1998.
33. Accidents mostly **[arise/arouse]** from carelessness.
34. He **[sawed/sowed]** branches off before sawing the tree down.
35. The child was **[sat/seated]** in the window seat.

36. A thief was **[bitten/beaten]** by the fierce dogs in the mansion.
37. You are **[ground/grounded]** until your grades improve.
38. Those books which you **[rented/lent]** me were very useful.
39. He **[loose/loosened]** his belt as he was full after the good meal.
40. He **[quit/quitted]** smoking; he is not silly any more.

Notes

31.felled	32.founded	33.arise	34.sawed	35.seated
36.bitten	37.grounded	38.lent	39.loosened	40.quit

해석

31. 해마다 수천 그루의 나무들이 불법적으로 [넘어진다 / 벌목된다].
32. 그 재단은 1998년에 [발견되었다 / 설립되었다]는 것이 발견되었다.
33. 사고는 대부분 부주의에서 [일어난다 / 일깨우다].
34. 그는 나무를 톱으로 베어서 넘기기 전에 가지를 [톱질해서 / 씨뿌려서] 잘랐다.
35. 그 아이는 창가 쪽 좌석에 [앉다-자동사는 수동태로 쓸 수 없음 / 앉혀졌다].

36. 한 도둑이 그 대저택에서 사나운 개들에게 [물렸다 / 두드려 맞았다].
37. 너는 성적이 오를 때까지 [갈아졌다 / 외출금지다].
38. 네가 나에게 [임대해 준 / 빌려 준] 책들은 매우 유익했다.
39. 그는 맛있는 식사 후 배가 불러서 허리띠를 [느슨한 / 느슨하게 했다].
40. 그는 담배를 [끊었다 / 철자 틀림]; 그는 더 이상 어리석지 않다.

1

(A), (B), (C)의 각 [/] 안에서 문맥에 맞는 어휘를 골라, 짝지은 것은?

Kilimanjaro, the highest mountain in Africa, **(A)[rises/raises]** almost 20,000 feet high above the sea level on the border of Kenya and Tanzania. The mountain is famous because its summit is covered with snow all the year round, though it **(B)[lies/is laid]** near the equator. The word Kilimanjaro means 'a shining mountain' in *the Swahili language. The natives living at the foot of the mountain **(C)[rise/raise]** such tropical crops as coffee and bananas.

*the Swahili language 스와힐리어 ((중부 아프리카 Bantu족의 언어))

	(A)	(B)	(C)
①	rises	lies	raise
②	raises	lies	rise
③	rises	lays	raise
④	raises	is laid	rise
⑤	rises	is laid	raise

1

above the sea level 해발
summit 정상
equator 적도
tropical 열대(지방)의

border 가장자리, 변경, 국경(지대)
all the year round 일년 내내
at the foot of ~의 기슭에
crop 농작물

2

(A), (B), (C)의 각 [/] 안에서 문맥에 맞는 어휘를 골라, 짝지은 것으로 가장 적절한 것은?

When we were invited to the gorgeous dinner in the mansion, I was very delighted. The grand oak table lying in the dining hall could **(A)[sit/seat]** 50 people. The two seats on the long opposite sides were reserved for the host and hostess to **(B)[sit/seat]**. When the host and hostess seated themselves, the guests were seated. I, the only child in the dining hall, **(C)[seated/was seated]** beside my mother.

(A)	(B)	(C)
① sit	sit	seated
② sit	seat	seated
③ seat	sit	seated
④ seat	seat	was seated
⑤ seat	sit	was seated

---

2   gorgeous 호화스러운, 멋진   mansion 대저택
     dining 식사, 정찬   opposite 정반대의, 맞은 편의
     reserve 남겨두다   host 주인; 주최자(↔hostess 여주인)

1 (A), (B), (C)의 각 [/] 안에서 문맥에 맞는 어휘를 골라, 짝지은 것으로 가장 적절한 것은?

> At 6 o'clock sharp, as the sun (A)[rises/raises], the Military Academy honor guards arrive at the parade ground, approach the flag-pole, and (B)[rise/raise] the Stars and Stripes to the national anthem. The U.S. Military Academy at West Point, (C)[found/founded] in 1802, is situated 50 miles north of New York City. The Military Academy is located by the Hudson River and its campus lies in the military reservation. Every cadet learns to devote himself to his country at any emergency that may (D)[raise/arise].

	(A)	(B)	(C)	(D)
①	rises	rise	found	arise
②	rises	raise	founded	arise
③	rises	rise	found	raise
④	raises	raise	founded	raise
⑤	raises	rise	found	raise

1

the Military Academy 육군사관학교 　honor guard 의장대
parade ground 연병장 　flagpole 게양대
national anthem 국가 　reservation 지정보호지역
cadet 사관학교생도 　devote oneself to ~에 헌신하다

2 (A), (B), (C)의 각 [/] 안에서 문맥에 맞는 어휘를 골라, 짝지은 것으로 가장 적절한 것은?

> While building a sawmill on the American River in California, a hired worker spotted a shining nugget **(A)[laying/lying]** on the river beds. It was gold. Soon word that gold had been found in California **(B)[spread/spreaded]** fast throughout the country. In 1849, close to 100,000 people rushed West to make their fortune. Soon numerous gold mines were **(C)[found/founded]** everywhere like mushrooms after rain. This was the great California Gold Rush and the people who went there were called "Forty-niners."

	(A)	(B)	(C)
①	laying	spread	found
②	laying	spreaded	found
③	laying	spread	founded
④	lying	spreaded	founded
⑤	lying	spread	founded

2　sawmill 제재소　　　　　spot 발견하다
nugget 덩어리　　　　　riverbed 강바닥, 하상
make one's fortune 재산을 모으다

3

(A), (B), (C)의 각 네모 안에서 문맥에 맞는 어휘를 골라 짝지은 것으로 가장 적절한 것을 고르시오.

Super-high-rise buildings are called skyscrapers. Skyscrapers, which look as if they were scraping or poking the sky, have become tourist attractions in the world. Chicago's Sears Tower, founded in 1974, **(A)[rises/raises]** 443 meters. Once it was the tallest building in the world. Now it's the fifth tallest building next to Canadian National Tower which stands in Toronto (553m), Ostankino Tower which **(B)[locates/is located]** in Moscow(537m), Oriental Pearl Tower which is situated in Shanghai (467m), and Pertonas Tower which **(C)[lays/lies]** in Kuala Lumpur(452m), Malaysia.

	(A)	(B)	(C)
①	rises	locates	lies
②	rises	locates	lays
③	rises	is located	lies
④	raises	is located	lays
⑤	raises	is located	lies

3　skyscraper 마천루, 초고층건물　　　　scrape 문질러 긁어내다
poke 찌르다　　　　　　　　　　　　　tourist attraction 관광명소

4 (A), (B), (C)의 각 [/] 안에서 문맥에 맞는 어휘를 골라, 짝지은 것으로 가장 적절한 것은?

It was a nonstop night flight. Flying the night sky, I sometimes looked up at the polar star out of the canopy of my airplane. The open sea was spread far glistening under the moonlight. I fell into a doze. In my dream I saw Mom **(A)[sow/sew]** a button to my coat. By the compass, I was **(B)[leaded/led]** to Paris. Next morning, no sooner had I landed in the field than I was surrounded by innumerable welcoming people. Little did I think of being so warmly welcomed by Parisians. I **(C)[burst/bursted]** into tears with great joy.

(A)	(B)	(C)
① sow	leaded	bursted
② sow	led	bursted
③ sow	leaded	burst
④ sew	led	burst
⑤ sew	leaded	burst

---

4   polar star 북극성(polestar, Polaris)   canopy 조종석의 유리덮개
   glisten 반짝이다; 반짝거림   doze 선잠(자다); 잠깐 졸다
   compass 나침반   Parisian 파리시민

파생 형용사와 중요 형용사 단어들

✓ 시험에 꼭 나오는 중요 파생형용사

동일어원에서 파생된 2개 이상의 형용사가 서로 다른 형태와 의미로 분화되어 자칫 혼동하기 쉽다. 시험에서는 거의 빠지지 않고 출제된다. 다음의 일목요연하게 정리된 사항을 익혀 두면 효과적으로 익힐 수 있다.

1 동일어원에서 파생한 의미가 다른 형용사 – 출제빈도 최상위 113 단어

1	affecting affected affective affectionate	감동시키는 영향받은, 병에걸린 감정의, 정서적인 애정이 깊은	10	continual continuous	계속적인 끊임없는, 연속적인
2	artificial artful artistic	인공의, 인조의 기교가 뛰어난 예술의, 예술적인	11	credible credulous	믿을 수 있는 쉽사리 믿는, 잘 속는
3	beneficial beneficent benevolent	유익한 자선심이 많은 자선의, 박애의	12	desirable desirous	바람직한 몹시바라는, 갈망하는
4	childish childlike	유치한 어린애 같은, 순진한	13	disinterested uninterested	사심이 없는 무관심한
5	civil comparative	시민의; 시민사회의 시민의; 시의	14	economic economical	경제의 경제적인, 절약하는
6	comparable comparative	비교할 수 있는 비교의, 비교적인	15	enviable envious	부러운, 탐나는 시기심이강한, 질투하는
7	confident confidential	자신감 있는 심복의; 기밀의	16	favorable favorite	호의적인 좋아하는
8	considerable considerate	상당히 많은 사려 깊은	17	German german germane	독일의 같은 부모에서 난 밀접한 관계가 있는
9	contemptible contemptuous	경멸할만한, 비열한 경멸하는, 얕보는	18	healthy healthful	건강한 건강에 좋은
			19	historical historic	역사의, 역사상의 역사적으로 유명한
			20	human humane	인간(의) 자비로운

21	imaginary	상상의
	imaginable	상상할 수 있는
	imaginative	상상력이 풍부한
22	impressive	인상적인
	impressionable	감수성이예민한
23	incredible	믿어지지않는, 놀라운
	incredulous	잘믿지않는, 의심많은
24	industrial	산업의
	industrious	근면한
25	ingenious	재능이 있는
	ingenuous	순진한
26	intelligent	똑똑한, 지능적인
	intellectual	지적인
	intelligible	이해할 수 있는
27	literal	문자의, 글자 그대로의
	literary	문학의
	literate	유식한
28	live	살아있는, 생생한(한정용법)
	alive	살아있는(서술용법)
	living	생명이 있는
	lively	생기 넘치는, 활기찬
29	loving	사랑하는
	lovable	사랑스러운, 매력적인
30	luxurious	호화로운
	luxuriant	풍부한; 다산의; 무성한
31	marine	바다[해양]의, 해운의
	maritime	바다에 관한
32	memorial	기념의; 기념물
	memorable	기억할 만한

33	momental	모멘트의《공학》
	momentary	순간적인
	momentous	중대한, 중요한
34	negligent	태만한, 부주의한
	negligible	무시할만한
35	objective	객관적인
	objectionable	반대할만한
36	partly	부분적으로
	partial	불공평한, 편파적인
37	periodic	주기적인: 시대의
	periodical	정기간행물(의)
38	personal	개인의
	personnel	직원(의); 인사의
39	popular	대중의, 인기있는, 유행하는
	populous	사람이 많은
40	practical	실용적인, 실질적인
	practicable	실행 가능한
41	regretful	후회하는
	regrettable	유감스런, 애석한
42	respectable	존경할 만한
	respectful	존경하는, 공손한
	respective	각자의
43	rural	시골의
	rustic	촌스러운
43	satisfying	만족시키는
	satisfied	만족한
	satisfiable	만족시킬 수 있는
	satisfactory	만족스러운

44	sensible	지각[분별] 있는
	sensitive	민감한
	sensory	감각(상)의
	sensual	관능적인
	sensuous	감각적인
45	social	사회의
	sociable	사교적인
46	successful	성공적인
	successive	연속적인,계승하는
47	technical	기능의; 전문적인
	technological	과학기술의
48	urban	도시의
	urbane	세련된

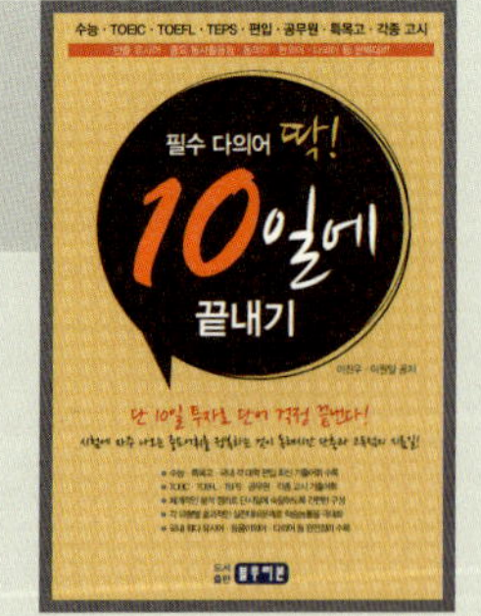

1 한정용법으로만 쓰이는 조심해야 할 형용사

(주로 -en 으로 끝나는 과거분사가 많으며, 명사를 직접 수식한다.)

golden, leaden, wooden, woolen, broken, drunken; elder, former, latter, inner, outer, upper, major; live, lone, main, mere, the only, the same, the very, sheer, sole, spare, utter …

cf) a golden saying (금언)   a wooden box (나무상자)
a woolen goods (모직물)   a drunken driver (음주운전자)
a broken man (파산한 사람)   his elder brother (그의 형)
his former job (그의 이전 직업)   an inner pocket (안주머니)
the outer world (외부세계)   the upper lip (윗입술)
a live fish (활어)   a lone wolf (외로운 늑대; 고립주의자)
the main street (중심가)   a mere child (한낱 어린애)
the only son (외아들)   an utter darkness (칠흑 같은 어둠)

• He has a golden watch.   그는 금시계를 가지고 있다.
   cf) His watch is golden. (×)

2 서술용법으로만 쓰이는 조심해야 할 형용사

(주로 접두어 a- 로 시작되는 형용사가 많으며, 보어로 쓰인다.)

aboard, afraid, alike, alive, alone, ashamed, asleep, awake, aware; broke, content, drunk, fond, glad, loth, ignorant, pleased, sorry, sure, unable, well, worth …

• The baby is asleep.   아기가 잠들어 있다.
• Look at the sleeping baby.   잠자고 있는 아기를 보아라.
   cf) Look at the asleep baby. (×)

present　　현재의【한정용법】
present　　참석한【서술용법】

- the present king.　　현재의 왕
  The king is present.　　왕이 참석했다.

(유례)

- an able man　　유능한: 유능한 사람
  He is able to do it.　　할 수 있는: 그는 그것을 할 수 있다.

- a certain lady　　어떤: 어떤 여자
  It is certain.　　확실한: 그것은 확실하다.

- ill news　　나쁜: 나쁜 소식
  He is ill.　　아픈: 그가 아프다.

- the late Mr. Brown.　　고~: 故 Brown 씨
  Mr. Brown was late.　　늦은: Brown 씨가 늦었다.

- my right hand　　오른쪽의: 내 오른 쪽 손
  You are right.　　옳은: 네가 옳다.

※ **특히 한정용법과 서술용법을 혼동하기 쉬운 형용사**
　:broken-broke; drunken-drunk; live-alive; lone-alone

ⓐ broken　　부서진; 파산한【한정용법】
　broke　　무일푼인, 파산한【서술용법】

- His store is broken.　　그의 상점이 부서졌다.

- a broken man　　파산한 사람
  He is broke.　　그는 파산했다.
  cf) He is broken. (×)

ⓑ 　drunken　　　　　술에 취한【한정용법】
　　drunk　　　　　　술에 취한【서술용법】; 술주정뱅이

- He is a drunk.　　　　　　그는 술주정뱅이다.

- a drunken driver　　　　　음주운전자
  He is drunk.　　　　　　　그는 술에 취했다.
  cf) He is drunken. (×)

- I saw a drunken man; he was dead drunk.
  나는 술 취한 사람을 보았는데, 그는 곤드레만드레 취해 있었다.

ⓒ 　live　　　　살아있는【한정용법】; 생방송으로
　　alive　　　살아있는【서술용법】

- a live fish　　　　　　　　살아있는 물고기; 활어
  It is alive.　　　　　　　　그것은 살아있다.
  cf) an alive fish　　(×)
  　　The fish is live. (×)

- I have bought a live fish; it is still alive.
  나는 활어를 샀는데, 그것은 여전히 살아 있다.

ⓓ 　lone　　　고독한, 혼자의【한정용법】
　　alone　　홀로, 외로이【서술용법】

- a lone wolf　　　　　　　　외톨이 늑대; 단독행동주의자
  The wolf is alone.　　　　　그 늑대는 혼자이다.
  cf) an alone wolf. (×)

- I have bought a live fish; it is still alive.
  나는 활어를 샀는데, 그것은 여전히 살아 있다.

1
```
┌ able          할 수 있는; 유능한
│ capable       능력이 있는, 실력이 있는
└ possible      가능한, 실행할 수 있는((사람을 주어로 할 수 없음))
```

- He is able to do that.
- He is capable of doing that.
- It is possible for him to do that.

그는 그것을 할 수 있다.

- He is an able man.
- He is unable to pass the.

  cf) He is an unable man. (×)

그는 유능한 사람이다.
≪unable은 서술용법으로만 쓸 수 있음.≫

2
```
┌ busy; heavy    교통이 많은
└ crowded        붐비는 ≪한정용법으로만 쓰임≫
```

- The traffic is busy on the road.
- He took a crowded bus.

교통(량)이 많다.
그는 만원버스를 탔다.

3
```
┌ dear           비싼(↔ cheap)
│ expensive      (물건의 값어치에 비해) 비싼(↔ inexpensive)
└ high           (가격·요금이) 비싼
                 ≪보어로 쓰일 경우 반드시 price·cost가 주어로 옴≫
```

- This bag is dear[cheap].
  = This bag is expensive[inexpensive].
  = The price of this bag is high[low].

  cf) The price of this bag is dear.   (×)
      price of this bag is expensive. (×)

이 가방은 값이 비싸다[싸다].

- The cost of living in Tokyo is high[low].
  Tokyo에서는 생활비가 비싸다.

4 famous 유명한
noted 특수한 일로 널리 알려진
renowned 유명한, 명성이 있는
celebrated 저명한, 찬사를 받는
notorious 악명 높은(=infamous)
infamous 악명 높은

- She is famous [noted, renowned, celebrated] for her novels.
  그녀는 그녀가 쓴 소설들로 유명하다.

- He was notorious[infamous] as a pirate.
  그는 해적으로 악명이 높았다.

5 invaluable (값으로 환산할 수 없을 만큼) 귀중한
priceless (값으로 환산할 수 없을 만큼) 귀중한
precious 귀중한, 값비싼
worthy 귀중한, 가치 있는
valueless 값어치 없는
worthless 값어치 없는

- The job will be an invaluable experience.
  그 일은 아주 값진 경험이 될 것이다.

- The old treasures are priceless.
  그 오래된 보물들은 값을 매길 수 없을 만큼 귀중하다.

6 lazy 천성적으로 게으른
idle 일이 없어 놀고 있는

- The strike caused the workers to be idle.
  파업으로 노동자들이 할 일이 없다.

- The lazy boy idles away his time.
  그 게으른 소년은 그의 시간을 빈둥거리며 보낸다.

7 light   ⓐ 가벼운 《물건》   ↔ heavy   무거운; 기름진
  capable   ⓑ 연한 《색조·밝기》 ↔ dark[deep] 진한

- a light meal ↔ a heavy meal   가벼운 식사 ↔ 기름진 식사
  a light color ↔ a dark color   연한 색 ↔ 진한 색

- The flag is dark[deep] blue   그 깃발은 진한 남색이다.
  The flag is light[pale, thin] blue.   그 깃발은 연한 남색이다.

8 like   ~와 같이, ~처럼
  alike   서로 같은, 비슷한
  similar   유사한, 비슷한
  likely   ~할 가능성이 있는

- The boys are alike.   그 소년들은 닮았다.
  cf) the alike boys (×)

- They look like twins.   그들은 쌍둥이처럼 보인다.
- They are alike.   그들은 닮았다.
- This is similar to that.   이것은 저것과 비슷하다.
- It is likely to rain.   비가 올 것 같다.

- They are much alike.   (O)   그들은 매우 닮았다.
- They are very much alike. (O)
  cf) They are very alike. (×)   《서술용법 형용사는 much로 수식》

9 little   (애정·감정이 담긴) 어린, 귀여운
  small   (규모가) 작은

- Annie's little pony lives in a small ranch.
  Annie의 귀여운 조랑말은 작은 농장에서 산다.

- The Little House on the Prairie
  초원의 (애정 어린) 집

4
live	살아있는【한정용법】; 생방송으로
alive	살아있는【서술용법】
living	생명이 있는
lively	생기 넘치는, 활기찬

- I have bought a live fish; it is still alive.
  나는 활어를 샀는데, 그것은 여전히 살아 있다.

- A living dog is better than a dead lion.
  산 개가 죽은 정승보다 낫다.

- The street is lively with the crowd.
  거리는 군중들로 활기에 차 있다.

11
lonely	고독한, 쓸쓸한
lone	고독한, 혼자의
lonesome	고독한, 쓸쓸한
alone	혼자 있는; ((대)명사를 후치수식하여)) 다만 ～뿐(=only)

- I was alone; I was lonely[lonesome].
  나 혼자여서 고독했다.

- He is a lone wolf.
  그는 외로운 늑대[단독행동주의자]이다.

- Man shall not live by bread alone.
  사람은 빵만으로 사는 것이 아니다.

12
| a slight cold | 가벼운 감기 |
| a serious[severe] illness | 중병(重病) |

- Sarah had a slight cold.
  그는 가벼운 감기에 걸렸다.

- He suffered from a serious illness.
  그는 중병을 앓았다.

13 strong(↔ weak) tea[coffee wine]
  thick (↔ thin) soup

강한 · 진한(↔약한 · 연한) 차[커피 · 술]
진한(↔묽은) 국

- I like my tea weak.
  He had a thick chicken soup.

나는 차를 연하게 마신다.
그는 진한 닭고기 국을 먹었다.

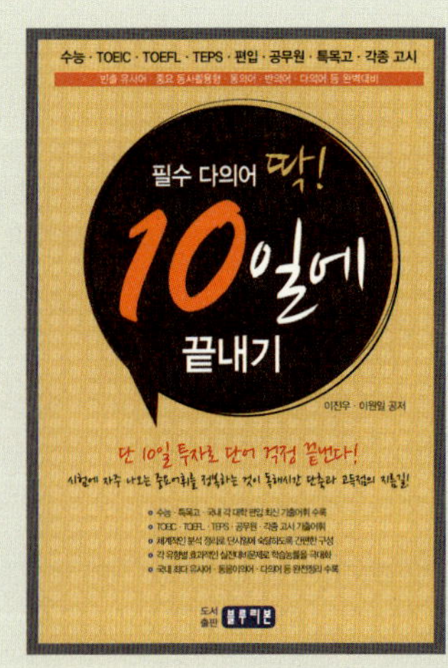

많은 수험생들과 교육현장의
선생님들로부터 수없이 받아 온 질문

충분한 양의 필수 중요 다의어를
정리해 놓은 좋은 책이 없을까?

학원가 고수 강사들이 추천하는 책,
필수 다의어 딱10일에 끝내기
(450개의 다의어 수록)

(A), (B), (C) 각 [/] 안에서 문맥에 맞는 어휘를 골라, 짝지은 것으로 가장 적절한 것을 고르시오.

> The Brown sisters, Ann and Lily, are worth praising. Both of the girls are nice and bright students. Elder sister Ann Brown is an honor student. Lily is **(A)[similar to/alike]** her sister. She won a scholarship this semester again. **(B)[Alike/Like]** twins, they are **(C)[alike/like]**. Sometimes I can hardly tell them apart.

	(A)	**(B)**	**(C)**
①	similar to	Like	alike
②	alike	Like	alike
③	similar to	alike	alike
④	alike	alike	like
⑤	similar to	alike	like

Notes

honor student 우등생　　　　　　scholarship 장학금

semester 학기(term)　　　　　　tell apart 구별하다(distinguish)

해석　Brown 집안의 자매들인 Ann과 Lily는 칭찬 받을만하다. 그 여자아이들 양쪽 다 상냥하고 총명한 학생들이다. 언니인 Ann Brown은 우등생이다. Lily도 그녀의 언니와 **(A)[비슷하다**/전치사 역할 못함]. 그녀는 또 다시 이번 학기에 장학금을 받았다. 쌍둥이**(B)**[전치사 역할못함/**처럼**]처럼 그들은 **(C)[닮았다**/형용사 역할 못함]. 때로는 나도 거의 그들을 구별할 수 없다.

정답　①

[1-10] 다음 각 문장의 [/] 안에 주어진 단어 중 알맞은 것을 고르시오.

1. It was very [**considerable/considerate**] of him to wait.

2. He is [**desirable/desirous**] of traveling France.

3. It is [**sensible/sensitive**] not to call late at night.

4. Sequoia trees are the oldest trees [**alive/live**] on earth.

5. The cost of living in Seoul is [**expensive/high**].

6. It is not always [**economic/economical**] to buy in large quantities.

7. Lincoln made the [**historic/historical**] speech here at Gettysburg.

8. Our company has grown through great [**successful/successive**] years.

9. She preferred the [**later/latter**] picture of the two.

10. The country is [**famous/notorious**] for official corruption.

Notes

1.considerate	2.desirous	3.sensible	4.alive	5.high
6.economical	7.historic	8.successful	9.latter	10.notorious

해석

1. 그가 기다린 것은 대단히 [상당한/ **사려 깊은**] 행동이었다.

2. 그는 프랑스를 여행하기를 [바람직한/ **바라고**] 있다.

3. 밤늦게 전화하지 않는 것이 [**분별 있는**/민감한] 일이다.

4. sequoia는 지구상에 [**살아있는**/생생한] 가장 오래된 나무이다.

5. 서울에서는 생활비가 많이 든다(=물가가 [비싸다/ **높다**]).

6. 대량으로 구입하는 것이 항상 [경제의/ **경제적인**] 것은 아니다.

7. 링컨은 이곳 게티즈버그에서 [**역사적으로 유명한**/역사(상)의] 연설을 했다.

8. 우리 회사는 큰 [**성공적**/연속적] 여러 해를 통해 성장해 왔다.

9. 그녀는 두 그림 중 [더 늦은/ **나중의**] 것을 마음에 들어했다.

10. 그 나라는 관료의 부패로 [유명/ **악명**] 높다.

[11-20] 다음 각 문장의 [/] 안에 주어진 단어 중 알맞은 것을 고르시오.

11. A dragon is an **[imaginary/imaginative]** creature.

12. Bees and ants are **[industrial/industrious]** workers.

13. He spent all the allowance on alcohol; he's **[broke/broken]** now.

14. For **[farther/further]** details, call this number.

15. These ancient treasures are **[priceless/valueless]**.

16. Only a few of them are **[literary/literate]** in English.

17. The students went back to their **[respectful/respective]** rooms.

18. The police arrested a driver; he was **[drunk/drunken]**.

19. He is not quite so learned as his **[elder/older]** brother.

20. They are not only poor but also **[idle/lazy]**.

Notes

11.imaginary 12.industrious 13.broke 14.further 15.priceless

16.literate 17.respective 18.drunk 19.elder 20.lazy

해석

11. 용은 [**상상의** / 상상력이 풍부한] 동물이다.

12. 벌과 개미는 [산업의 / **부지런한**] 일꾼들이다.

13. 그는 술 마시는 데에 용돈을 다 써서, 지금 [**무일푼** / 부서진]이다.

14. 더 [먼 / **자세한**] 사항은 이 번호로 전화를 주세요.

15. 이 고대의 보물들은 [**값을 매길 수 없을 만큼 귀중한** / 가치 없는] 것이다.

16. 그들 중 단지 몇 사람만이 영어를 [문학의 / **읽고 쓸 수 있다**].

17. 학생들은 [공손한 / **각자의**] 방으로 돌아갔다.

18. 경찰이 운전자를 체포했는데 그는 [**술 취한(서술)** / 술 취한(한정)]해 있었다.

19. 그는 학문에 있어서 [**손위의** / 더 나이든] 형만 못하다.

20. 그들은 가난할 뿐만이 아니라 [한가한 / **게으르다**].

[21–30] 다음 각 문장의 [/] 안에 주어진 단어 중 알맞은 것을 고르시오.

21. They reached the **[imaginable/imaginary]** land of Neverland.

22. Please be silent not to wake the **[sleeping/asleep]** baby.

23. He is always **[considerable/considerate]** of others.

24. I have bought a fish; it is still **[live/alive]**.

25. Both of these have their own **[respective/respectful]** importance.

26. He has a gold-plated watch; it's a **[gold/golden]** watch.

27. He is **[desirous/desirable]** to know the truth about the affair.

28. The strike caused the workers to be **[lazy/idle]**.

29. The 19th century saw the **[Industrial/Industrious]** Revolution.

30. The traffic is too **[crowded/busy]** on the road this morning.

Notes

21.imaginary	22.sleeping	23.considerate	24.alive	25.respectful
26.golden	27.desirous	28.idle	29.Industrial	30.busy

해석

21. 그들은 네버랜드라는 [상상할 수 있는/ **상상의**] 나라에 닿았다.

22. [**잠자고 있는**/ 잠들어 있는] 아기를 깨우지 않도록 조용히 하시오.

23. 그는 항상 타인에 대해 사려가 깊다 /[상당한/ **사려가 깊은**].

24. 나는 활어를 샀는데, 그것은 여전히 [살아있다-한정/ **살아있다–서술**].

25. 이들 둘은 그들 [**각자의**/ 존중하는] 중요성을 가지고 있다.

26. 그는 금도금한 시계를 가지고 있다; 그것은 [금/ **금빛의**] 시계이다.

27. 그는 사건의 진상을 알고 싶어한다 /[**원하는**/ 바람직한].

28. 파업으로 노동자들이 할 일이 없다 /[**한가한**/ 게으르다].

29. 19세기에 [**산업의**/ 근면한] 혁명이 발생했다.

30. 오늘 아침에는 도로에 [붐비는-한정으로만 쓰임/ **교통(량)이 많다**].

31. Our company has had another **[successive/successful]** year.

32. She is **[renowned/infamous]** for her best-selling novels.

33. I had a **[valueless/priceless]** experience as a community volunteer.

34. He saw the **[strong/deep]** blue banners waving proudly.

35. The scientist noticed the tiny sound; he's **[sensible/sensitive]**.

36. Meat and vegetables in Seoul are twice **[expensive/high]**.

37. This job with us will be an **[invaluable/worthless]** experience.

38. He is always sober; he is seldom **[drunk/drunken]**.

39. Don't be **[idle/lazy]** and do something.

40. The street is **[alive/lively/living]** with the crowd

Notes

| 31.successive | 32.renowned | 33.priceless | 34.deep | 35.sensitive |
| 36.expensive | 37.invaluable | 38.drunk | 39.lazy | 40.lively |

해석

31. 우리 회사는 또 한해의 [연속적인 / **성공적인**] 해를 보냈다.

32. 그녀는 그녀의 베스트셀러 소설들로 [**유명하다** / 익명높다].

33. 나는 지역사회 자원봉사자로서 [값어치 없는 / **아주 값진**] 경험을 했다.

34. 그 [강한 / **진한**] 남색 깃발들이 자랑스럽게 휘날리고 있는 것을 보았다.

35. 그 과학자는 그 작은 소리를 알아챘다. 그는 [지각이 있다 / **민감하다**].

36. 서울에서 고기와 야채는 두 배나 [**비싸다** / 높다].

37. 우리와 함께 하는 이 일은 [**아주 값진** / 값어치 없는] 경험이 될 것이다.

38. 그는 항상 맨 정신이다. 거의 [**술 취한(서술)** / 술 취한(한정)]해 있지 않다.

39. 게으름 그만 피우고 [한가한 / **게으른**] 뭔가 일을 시작해라.

40. 거리는 군중들로 활기차다 [살아있는(서술용법) / **활기찬** / 생명이 있는].

1 (A), (B), (C)의 각 [/] 안에서 문맥에 맞는 어휘를 골라 짝지은 것으로 가장 적절한 것을 고르시오.

My grandpa started his business with empty hands. Now, he's a billionaire. Though he's a man of great means, he still lives a simple life. He always says to me, "We have to be **(A)[thirsty/thrifty]** and save money for a rainy day." He is still **(B)[industrial/industrious]**. He usually gets up at four in the morning and goes for jogging along the river. And he is really **(C)[sensible/sensuous]** about what he eats; he never overeats himself or touches junk food.

(A)	(B)	(C)
① thirsty	industrious	sensible
② thrifty	industrious	sensible
③ thirsty	industrious	sensuous
④ thrifty	industrial	sensuous
⑤ thirsty	industrial	sensuous

---

1   billionaire 억만장자   a man of great means 대단한 재산가
save money for a rainy day 어려운 때에 대비하여 저축하다
junk food 쓰레기음식; 칼로리는 높으나 영양가가 낮은 인스턴트 식품

 (A), (B), (C)의 각 [/] 안에서 문맥에 맞는 어휘를 골라, 짝지은 것으로 가장 적절한 것은?

The Sukharno family were fishermen for ages. They lived a(n) **(A) [lonely/alone]** life in a remote area because they loved being alone. The people in the fishing village were idle fishermen and tourists. When the tsunami was wiping out all **(B)[alive/living]** things in the nearby beach village, they were fast asleep. One **(C)[ill/sick]** child of his tourists was wide awake to hear the dogs barking. They moved restlessly as if they were scared by something. He did not know the reason until they heard the surprising news the next day.

(A)	(B)	(C)
① lonely	living	ill
② alone	living	ill
③ lonely	living	sick
④ alone	alive	sick
⑤ lonely	alive	sick

2

for ages 오랫동안   remote 멀리 떨어진, 외진
wipe out 싹 쓸어버리다   wide awake 완전히 깨어있는
bark 짖다   restlessly 안절부절못하고

1 (A), (B), (C)의 각 [/] 안에서 문맥에 맞는 어휘를 골라 짝지은 것으로 가장 적절한 것을 고르시오.

Okinawan old people are well-known for their long and active lives. The Okinawan couple, Mr. Niitz (105 yrs) and his wife (102 yrs), are the case. They are still as energetic and industrious as they used to be. They eat **(A)[healthy/healthful]** food such as fish, tofu, fresh vegetables, thick soybean paste soup. They enjoy their tea strong and wine weak. Okinawan marine products are cooked in their respective ways. People are **(B)[respectable/respectful]** of the couple because of their happy and **(C)[desirable/desirous]** way of life.

(A)	(B)	(C)
① healthy	respectful	desirous
② healthy	respectable	desirous
③ healthful	respectful	desirous
④ healthful	respectable	desirable
⑤ healthful	respectful	desirable

1

energetic 원기 왕성한, 활기찬   tofu 두부
soybean paste 된장   marine product 해산물

2

(A), (B), (C)의 각 [/] 안에서 문맥에 맞는 어휘를 골라, 짝지은 것으로 가장 적절한 것은?

Besides his four great tragedies, William Shakespeare wrote **(A) [historic/historical]** plays. He was an **(B)[imaginable/imaginative]** playwright. He used every material imaginable including such imaginary animals as dragons or unicorns. As his works were very successful, his books were dear. The price of his books has been **(C) [dear/high]** for 400 successive years. His considerable amount of income allowed him to live in a luxurious mansion. Though rich, he was considerate of the poor and contemptuous of money, which was shown in his famous play, "The Merchant of Venice".

(A)	(B)	(C)
① historic	imaginative	dear
② historic	imaginable	dear
③ historical	imaginative	high
④ historical	imaginable	high
⑤ historical	imaginative	dear

2

besides ~이외에도
playwright 극작가
dear 비싼

tragedy 비극
unicorn 일각수
income 수입, 소득

3

(A), (B), (C)의 각 [/] 안에서 문맥에 맞는 어휘를 골라 짝지은 것으로 가장 적절한 것을 고르시오.

> The subway union drivers have had a continuous strike for 3 days. The strike causes most engineers to be (A)[lazy/idle]. The traffic is so (B)[heavy/crowded] that citizens are complaining of the crowded buses and subways. The mayor needs a sensible solution. He thinks that, from an economic point of view, an automated transport system is more economical. Moreover, the automation system is immediately (C)[practical/practicable] without much remodeling of the established system. Citizens are desirous of employing the automation system.

	(A)	(B)	(C)
①	idle	heavy	practicable
②	idle	heavy	practical
③	idle	crowded	practicable
④	lazy	crowded	practical
⑤	lazy	crowded	practicable

---

3   union 조합, 노동조합   strike 파업(하다)
mayor 시장   automate 자동화하다
automation 자동화   employ 채용하다

4 (A), (B), (C)의 각 [/] 안에서 문맥에 맞는 어휘를 골라, 짝지은 것으로 가장 적절한 것은?

It is certain that nuclear radiation causes people and other living things to get certain diseases. The late Kim Younghun was told the ill news too late that he had been ill with leukemia. The **(A)[ill/sick]** laborer was alive only 6 months longer. The nuclear power plant laborers were poor and **(B)[credible/credulous]** of what the Japanese government said. They were not aware that they could be exposed to such a **(C)[considerable/considerate]** amount of radiation. The laborers present at the strike are afraid that there would be more victims if the present problem is left unsettled.

	(A)	(B)	(C)
①	ill	credible	considerate
②	ill	credulous	considerate
③	ill	credible	considerable
④	sick	credulous	considerable
⑤	sick	credible	considerable

4

radiation 방사능
be exposed to ～에 노출되다
victim 희생, 희생자

leukemia 백혈병
strike 파업(하다)
unsettled 미해결의

✔ 시험에 꼭 나오는 중요 형용사·부사 단어들

어떤 단어들은 형용사와 부사 양쪽으로 쓰여 혼동하기 쉬울 뿐 아니라, 어떤 단어들은 −ly 를 붙여 전혀 다른 의미의 또 다른 부사를 형성하기도 한다. 또한 명사로 착각하기 쉬운 부 사도 있다.

1 형용사와 부사 양쪽으로 쓰여 혼동하기 쉬운 단어들 Ⅰ

• 형용사 · 부사형이 같고, −ly가 붙으면 전혀 다른 뜻을 갖는 단어

1   deep   a. 깊은
                  ad. 깊이《물리적》
  deeply   ad. 깊이《심리적》

- He dives into the deep sea.   그는 깊은 바다로 잠수한다.
- He dives deep.   그는 깊이 잠수한다.
- He was deeply moved.   그의 마음은 깊이 움직였다.

2   high   a. 높은
               ad. 높이《물리적》
  highly   ad. 높이《심리적》

- He flew the high sky.   그는 높은 하늘을 날았다.
- He flew up the sky high.   그는 하늘을 높이 날아 올랐다.
- His flight was highly praised.   그의 비행은 크게 찬양 받았다.

3   dear   a. 비싼
               ad. 비싸게《물리적》
  dearly   ad. 극진히《심리적》

- The jewel is dear.   그 보석은 비싸다.
- They sell dear at the store.   그 깃발은 진한 남색이다.
- He loves her dearly.   그는 그녀를 극진히 사랑한다.

4   hard   a. 단단한

              ad. 단단하게; 세게

  hardly   ad. 거의 ~않다

- He is a hard worker.   그는 부지런한 일꾼이다.
- He works hard.   그는 열심히 일한다.
- He hardly works.   그는 거의 일하지 않는다.

5   late   a. 늦은

              ad. 늦게

  lately   ad. 최근에

- He was late for home.   그는 집에 늦게 왔다.
- He came home late.   그는 집에 늦게 왔다.
- He came home lately.   그는 최근에 귀국했다

6   pretty   a. 예쁜

              ad. 매우(=very)

  prettily   ad. 예쁘게

- She is very pretty.   그녀는 매우 예쁘다.
- She dances pretty well.   그녀는 춤을 아주 잘 춘다.
- She dances prettily.   그녀는 예쁘게 춤춘다.

7   rough   a. 거친

              ad. 거칠게

  roughly   ad. 거칠게

               대략, 약(about, approximately)

- Waves were rough.   파도가 거칠었다.
- Waves rose rough[roughly].   파도가 거칠게 일었다.
- Waves rose roughly 2 feet high.   파도가 대략 2피트로 일었다.

• 형용사에 −ly가 붙으면 뜻이 전혀 다른 2개의 부사 단어

1 [bad   a. 나쁜; 서투른
   badly   ad. ❶나쁘게; 서투르게
                ❷몹시

• He is bad at writing.   그는 글씨가 서투르다.
• He writes badly.   그는 글씨를 서투르게 쓴다.
• He writes a badly poor hand.   그는 몹시 글씨를 못쓴다.

2 [close   a. 가까운
   closely   ad. ❶가까이
                ❷자세히, 면밀하게

• He is a close friend.   그는 절친한 친구이다.
• Sit close[closely] to me.   내게 가까이 앉아라.
• Look around closely.   주위를 면밀하게 살펴보라.

3 [fair   a. 공정한;   ad. 공정하게
   fairly   ad. ❶공정하게
                ❷꽤, 상당히

• We played a fair game.   우리는 공정한 경기를 했다.
• Let's play the game fair[fairly].   경기를 공정하게 하자.
• The weather is fairly good.   날씨가 상당히 좋다.

4 [near   a. 가까운
   nearly   ad. ❶가까이
                ❷긴밀하게 ❸ 대략 ❹간신히, 가까스로; 하마터면

• She is near to me.   그녀는 나와 가까운 사이다.
• She came near[nearly] to me.   그녀가 내게 가까이 다가왔다.
• Nearly 9 men were nearly drowned.   약 9명이 익사할 뻔했다.

5
present　a. 현재의
presently　ad. ❶현재, 요즘, 오늘날(at present)
　　　　❷곧, 머지않아(soon)

- In the present case, just wait.　현 상황에서는 단지 기다려라.
- She will be here presently.　그녀는 곧 올 것이다.
- He is presently writing a book.　그는 현재 책을 저술하고 있다.

6
rare　a. 드문; 진귀한
rarely　ad. ❶드물게, 좀처럼 ~않다
　　　❷아주, 훌륭하게

- Such a rare book is rare.　그토록 진귀한 책은 드물다.
- He rarely wastes time.　그는 좀처럼 시간을 낭비하지 않는다.
- The book is rarely good.　그 책은 정말로 좋다.

7
scarce　a. 부족한, 결핍된; 드문, 희귀한
scarcely　ad. ❶간신히, 가까스로, 겨우(barely)
　　　　❷거의 ~않다

- Good fruit is scarce in winter.　겨울에는 좋은 과일이 드물다.
- He bought scarcely 9 melons.　그는 간신히 멜론 9개를 샀다.
- They scarcely sell good fruit.　거의 좋은 과일을 팔지 않는다.

8
short　a. 짧은, 모자라는
shortly　ad. ❶짧게, 간단히
　　　　❷곧, 즉시　❸퉁명스럽게

- He gave a short answer.　그는 짧게 대답했다.
- Please out it shortly.　그것을 간단히 말하시오.
- He will be back shortly.　그는 곧 돌아올 것이다.
- He answered shortly.　그는 퉁명스럽게 대답했다.

1
farther　　더 먼
further　　더욱, 더한층

- Let's walk farther.　　　　좀 더 멀리 걷자.
- Let's consider it further.　　좀 더 생각해보자.

2
late　　늦은; 늦게
lately　　최근에
last　　마지막의
latest　　최근의
later　　나중에
latter　　후자의

- He came home late.　　　그는 집에 늦게 왔다.
- He came home lately.　　그는 최근에 귀국했다
- He came last.　　　　　그가 맨 마지막에 왔다.
- This is the latest news.　이것이 최신 뉴스이다.
- See you again later.　　나중에 다시 만나자.
- The former and the latter.　전자와 후자

3
most　　a. 대부분의;　pro. 대부분;　ad. 가장 많이
mostly　　ad. 주로
almost　　ad. 거의
the most　　a. 가장 ～한
a most　　ad. 매우(=very)

- Most people eat mostly bread.　　대부분의 사람들은 주로 빵을 먹는다.
- Most of them eat bread most.　　그들 대부분이 빵을 가장 많이 먹는다.
- Almost all the people came.　　거의 모든 사람들이 왔다.
- She is the most beautiful girl.　　가장 아름다운 소녀
- She is a most beautiful girl.　　매우 아름다운 소녀

4 older 더 나이든
　elder 손위의

- John is Tom's elder brother. 　　손위의 형이다.
- John is two years older than Tom. 　두 살 더 나이가 많다.

❹ 의미가 비슷하여 는 같으나 용법상 조심해야 할 부사

1 ago ∼전에 ≪과거표시부사: 동사 과거형을 씀, 완료형과 함께 쓸 수 없음≫
　before (막연히) 이전에 ≪무기간표시어+before, 완료형+before≫

- I met him *two months* ago. 　　≪동사의 과거형+기간표시어+ago≫
  cf) I *met* him once ago. (×)

- I *met* him once before. 　　(막연히) 전에
- I *have met* him once before.
  cf) I *have met* him once ago. (×)

- He said, "I met her *two* months ago."
- He said that he *had met* her two months before.

2 just 이제 방금, 막
　just now 방금 전(=a moment ago)

- He has just come. 　　그는 이제 막 왔다.
- He came just now. 　　그는 방금 전에 왔다.
  cf) The shop sells ice cream, either. 　(×)
  　　The shop doesn't sell ice cream, too. 　(×)

3 soon 곧 ≪시간상의 빠름≫
　quickly 빨리 ≪동작의 빠름≫

- The rumor quickly spread. 　　그 소문은 빠르게 퍼졌다.
- The rumor was soon forgotten. 　그 소문은 곧 잊혀졌다.

4
too	역시, 또한 《긍정문》
either	역시, 또한 《부정문》
also	역시, 또한 《긍정문: be동사·조동사 뒤, 일반동사 앞에 위치》

- The shop sells ice cream, too.
- The shop doesn't sell ice cream, either.
  - cf) The shop sells ice cream, either.　　(×)
    The shop doesn't sell ice cream, too.　(×)

- The shop also sells ice cream.
- Ice cream is also sold at the store.
  - cf) The shop sells ice cream, also.　　(×)
    The shop doesn't sell ice cream, also.　(×)

5
| very | 아주, 매우 《very+원급, 현재분사, 형용사로 굳어진 일부 과거분사》 |
| much | 훨씬, 무척 《much+비교급·최상급, 과거분사, 서술용법의 형용사》 |

- He is very happy.　　《very+원급》
- He is much happier.　《much+비교급》
- He is much happiest.　《much+최상급》

- His success was very surprising to them.　《very+현재분사》
- His success was much admired by them.　《much+과거분사》

cf) 과거분사가 형용사화한 tired, pleased, delighted, surprised,
satisfied, interested, disappointed, excited, frightened,
worried 등의 감정동사에는 much 대신 very를 사용한다.
- He was very *pleased*.

cf) 서술용법으로 쓰이는 형용사 afraid, alike, ashamed, asleep,
awake, aware, fond 등에는 much를 쓰는 것이 원칙이다.
- He is much *afraid* of snakes.

⑤ 명사로 착각하기 쉬운 부사

- 다음 단어들은 명사로 쓰이는 경우도 있으나 주로 부사로 사용된다.
  부사로 사용되는 경우에는 전치사가 붙지 않는다.

---

1 **home**　　집(에); 집으로[에서]

- I go home.
  cf) I go *to home.*　　　　(×)
  　　I go to my home.　(○) ≪이 경우에는 소유격+명사의 형태로 home은 명사이므로
  　　　　　　　　　　　　　　　전치사를 붙여야 한다.≫

2 **abroad**　　국외(에[로]), 해외(에[로])

- He lives abroad.
  cf) He returned from abroad. (○)
  　　the news from abroad.　　(○)

  cf) 부사로 쓰이는 경우
  - go aborad　　　　　해외로 가다
  - advance aborad　　해외로 진출하다
  - travel aborad　　　해외여행을 하다

  cf) 명사로 쓰이는 경우
  - at home and abroad　국내외에서
  - send abroad　　　　해외로 파견하다
  - return from abroad　귀국하다

3 **overseas**　　해외의; 해외로[부터]

- He goes overseas every year.
  cf) He goes *to overseas* every year. (×)

4 downstairs 아래층의; 아래층에[으로]
  upstairs 위층의; 위층에[으로]

- I'm going downstairs[upstairs] soon.
  cf) I'm going *to downstairs*[*upstairs*] . (×)

5 downtown 상업지구의[에 있는]
  uptown 주택지구(의)[에 있는, 에 사는]

- I go downtown[uptown] at 9.
  cf) I go *to downtown*[*uptown*] at 9. (×)

6 overnight a. 하룻밤 사이의 갑작스런
     일박의; 일박용의

  ad. 밤새, 밤새도록
     하룻밤 사이에 (갑자기)(=in a single night)

- an overnight millionaire   벼락부자
- He became famous overnight.   그는 하룻밤 사이에 유명해졌다.
  cf) He became famous *in*[*during*] *an overnight.* (×)

7 everyday a. 매일의(daily); 일상의(usual)
  every day ad. 매일(each day)

- He enjoys a happy everyday life   행복한 일상생활을 구가한다.
- He lives happily every day.   그는 매일 행복하게 산다.
  cf) He enjoys a happy *every day* life. (×)
     He lives happily *everyday.*   (×)

(A), (B), (C) 각 [/] 안에서 문맥에 맞는 어휘를 골라, 짝지은 것으로 가장 적절한 것을 고르시오.

> **(A)[Near/Nearly]** 90 percent of the English people enjoy more tea and honey than coffee and sugar. It is reported that 9 out of ten people have at least 3-4 cups of tea with honey a day. I have seen an English family that spends 50 pounds of honey per year **(B)[ago/before]**. Ironically, however, many English people are **(C)[much/very]** afraid of honeybees.

	(A)	(B)	(C)
①	Nearly	before	much
②	Nearly	ago	very
③	Near	before	very
④	Near	ago	very
⑤	Near	before	much

Notes ironically 역설적으로   honeybee 꿀벌

해석 영국사람들의 **(A)**[가까운/**거의**] 90%가 커피와 설탕보다는 치와 꿀을 더 즐긴다. 10명 중 9명은 꿀을 탄 차를 적어도 하루에 서너 잔을 마시는 것으로 보고되고 있다. 나는 **(B)**[**전에**–과거동사/전에–완료형동사] 연간 50파운드의 벌꿀을 소비하는 가정을 본 적이 있다. 그러나 역설적으로 많은 영국사람들은 벌을 **(C)**[대단히/**매우**] 무서워한다.

정답 ①

[1-10] 다음 각 문장의 [/] 안에 주어진 단어 중 알맞은 것을 고르시오.

1. It's strange that most girls are **[very/much]** afraid of cats.

2. He who would search for pearls must dive **[deep/deeply]**.

3. Jane went to America a few months **[ago/before]**.

4. If you don't agree, I won't, **[too/either].**

5. He is **[very/much]** happiest when he climbs a mountain.

6. They buy cheap and sell **[dear/dearly]** at the store.

7. When he arrived, the boss had left two days **[ago/before]**.

8. She writes a good hand, but he writes a **[bad/badly]** poor hand.

9. Yesterday I heard the **[last/latest]** news that she was coming.

10. If she dances **[pretty/prettily]**, she is a pretty good dancer.

정답

1.much	2.deep	3.ago	4.either	5.much
6.dear	7.before	8.badly	9.latest	10.prettily

해석

1. 대부분의 여자아이들이 고양이를 [매우 / **무척**] 무서워하는 것은 이상하다.

2. 진주를 찾으려고 하는 사람은 [깊이-물리적 / **깊이**-심리적] 잠수해야 한다.

3. Jane은 몇 달 [**전**-과거동사 / 전-완료형동사]에 미국으로 갔다.

4. 네가 동의하지 않는다면, 나도 [역시-긍정문 / **역시**-부정문] 동의하지 않겠다.

5. 그는 등산할 때 [매우-원급 / **훨씬**-비교급 · 최상급] 행복하다.

6. 그 상점에서는 싸게 사서 [**비싸게** / 극진히] 판다.

7. 그가 도착했을 때, 사장은 이틀 [전-과거동사 / **전**-완료형동사]에 떠났다.

8. 그녀는 글씨를 잘 쓴다. 그러나 그는 [나쁘게 / **몹시**] 글씨를 못쓴다.

9. 어제 나는 그녀가 오고 있다는 [마지막 / **최신의**] 소식을 들었다.

10. 만일 그녀가[예쁜; 매우 / **예쁘게**] 춤춘다면 그녀는 상당히 유능한 댄서이다.

[11-20] 다음 각 문장의 [/] 안에 주어진 단어 중 알맞은 것을 고르시오.

11. Your kind help would be **[high/highly]** appreciated.
12. I like snow-boarding **[more/better]** than skiing.
13. Have you been there **[ago/before]**?
14. That was the **[last/latest]** news from him two years ago.
15. Too excited at the news, I went to bed **[later/latter]** than usual.

16. For further information, examine **[farther/further]** into the matter.
17. He can ski much **[more/better]** than anyone else.
18. The **[later/latter]** half of the festival is more exciting.
19. In the flood, nearly 9 men were **[near/nearly]** drowned.
20. No one in our team could play soccer as **[well/good]** as Dave.

[21–30] 다음 각 문장의 [/] 안에 주어진 단어 중 알맞은 것을 고르시오.

21. The jewel is dear; she cherishes it [dear/dearly].
22. His plane flew up the sky [high/highly].
23. I met him once [ago/before].
24. I met her two months [ago/before].
25. The submarine had to dive [deep/deeply] to escape the storm.

26. The author enjoys a happy [everyday/every day] life.
27. The sea waves rose [rough/roughly] 2 feet high.
28. I heard the news just now; this is the [last/latest] news.
29. The student is lazy; he [works hard/hardly works].
30. Because of much work, he came home [late/lately] last night.

정답

| 21.dearly | 22.high | 23.before | 24.ago | 25.deep |
| 26.everyday | 27.roughly | 28.latest | 29.hardly works | 30.late |

해석

21. 그 보석은 비싸다; 그녀는 그것을 [비싸게 / 극진히] 아낀다.
22. 그의 비행기는 하늘을 [높이-물리적 / 높이-심리적] 날아 올랐다.
23. [동사과거형+기간표시어+ago / (막연히) 전에] 그를 한 번 만난 적 있다.
24. 나는 두 달 [동사과거형+기간표시어+ago / 전에] 그녀를 만났다.
25. 잠수함은 폭풍우를 피해 [깊이-물리적 / 깊이-심리적] 잠수해야 했다.

26. 그 작가는 행복한 [일상의 / 매일] 생활을 구가한다.
27. 바다 파도물결이 [거친 / 대략] 2피트로 일었다.
28. 나는 그 소식을 방금 들었다; 이것이 [마지막 / 최신] 뉴스이다.
29. 그 학생은 게으르다; 그는 [열심히 공부한다 / 거의 공부하지 않는다].
30. 많은 일 때문에 그는 어젯밤 집에 [늦게 / 최근에] 왔다.

31. People were **[deep/deeply]** moved to tears by this book.
32. John is my **[elder/older]** brother; he is two years older than I.
33. The wholesaler buys cheap and sells **[dear/dearly]**.
34. I seldom smoke; he seldom smokes, **[too/either]**.
35. Since he came home **[late/lately]**, he has been in the hotel.

36. The climbers **[bare/barely]** escaped death in the snowslide.
37. The pilot was **[high/highly]** praised for his courageous flight.
38. He said that he had met her two months **[ago/before]**.
39. He is a diligent worker; he works **[hard/hardly]**.
40. The author lives happily **[everyday/every day]**.

정답

31.deeply   32.elder   33.dear   34.either   35.lately
36.barely   37.highly   38.before   39.hardly   40.every day

해석

31. 사람들은 이 책에 [깊이-물리적/ **깊이**-심리적] 감명을 받고 눈물을 흘렸다.
32. John은 내 [**손위의**/ 나이가 더 많은] 형인데, 나보다 두 살 더 나이가 많다.
33. 그 도매업자는 싸게 사서 [**비싸게**/ 극진히] 판다.
34. 거의 피우지 않는다; 그도 [역시-긍정문/ **역시**-부정문] 좀처럼 피우지 않는다.
35. 그가 [늦게/ **최근에**] 귀국한 이래로 호텔에 머물고 있다.

36. 그 등반가들은 눈사태에서 [벌거벗은/ **간신히**] 죽음을 모면했다.
37. 그 비행사는 용기 있는 비행으로 [높이-물리적/ **높이**-심리적] 찬양 받았다.
38. 그는 그가 두 달 [전에/ **전에**-완료형]에 그녀를 만났었다고 말했다.
39. 그는 부지런한 일꾼이다; 그는 [**열심히**/ 거의 ~않다] 일한다.
40. 그 작가는 [일상의/ **매일**] 행복하게 산다.

1 (A), (B), (C)의 각 [/] 안에서 문맥에 맞는 어휘를 골라 짝지은 것으로 가장 적절한 것을 고르시오.

> Workers are (A)[very/much] afraid of unemployment. Besides, they always feel very tired. Getting a job is very good, but getting security in their jobs is (B)[very/much] preferable to that. What is worse, job security doesn't mean getting high income. Promotion is very interesting to them. But in recent years, workers are forced to retire unwillingly (C)[very/much] earlier, as young as 40 or 50 in some cases, than before.

	(A)	(B)	(C)
①	very	much	much
②	very	much	very
③	much	much	much
④	much	very	very
⑤	much	very	much

---

1 security 안전, 안정성
what is worse 더 나쁜 것은
be forced to 억지로 ~하게 되다
preferable 더 바람직한
promotion 승진
unwillingly 마지못해, 억지로

2 (A), (B), (C)의 각 [/] 안에서 문맥에 맞는 어휘를 골라, 짝지은 것으로 가장 적절한 것은?

In an old agricultural society, older people were (A)[high/highly] respected because of their accumulated experience. People could (B)[hard/hardly] get other sources of information. But in this rapidly changin g industrial society, the skills and knowledge of the past are nearly of no value. Today we can get an enormous amount of information in a (C)[fair/fairly] short time. New information is so important that some Internet sites buy it cheap and sell it dear.

	(A)	(B)	(C)
①	high	hardly	fairly
②	highly	hardly	fairly
③	high	hard	fairly
④	highly	hard	fair
⑤	high	hard	fair

2

agricultural 농업의, 농학의
of value 가치 있는(valuable)

accumulate 축적하다
enormous 거대한, 막대한

1 (A), (B), (C)의 각 [/] 안에서 문맥에 맞는 어휘를 골라 짝지은 것으로 가장 적절한 것을 고르시오.

In the Jewelry Fair, fairly various kinds of jewels are exhibited, appraised and traded **(A)[fair/fairly]**. Especially, the Oriental Pearls produced in the Persian Gulf are **(B)[high/highly]** valued for their high quality. Aborigines there sell the natural pearls **(C)[dear/dearly]** and cherish them dearly because they are hardly found and are hard to come by. Customers are deeply moved to hear how pearls are formed and how deep one should dive into the sea to catch them.

(A)	(B)	(C)
① fair	highly	dear
② fair	highly	dearly
③ fairly	highly	dear
④ fairly	high	dearly
⑤ fairly	high	dear

----

1 fair 공정한[하게]; 시장, 박람회 　exhibit 나타내다; 전시하다
appraise 값을 매기다, 감정[평가]하다 　trade 무역, 거래(하다)
aborigine 원주민, 토착민 　cherish 소중히 여기다
come by 손에 넣다, 입수하다(obtain)

2 (A), (B), (C) 각 [/] 안에서 문맥에 맞는 어휘를 골라, 짝지은 것으로 가장 적절한 것을 고르시오.

The audience were all deeply moved. The next morning, all Rio de Janeiro's newspapers praised (A)[high/highly] this 19-year-old Italian conductor. His success was very surprising, and was (B)[very/much] admired by Europeans. The unknown cellist became world-famous (C)[overnight/in overnight]. After returning to Italy, Toscanini stood as the country's finest conductor. In 1898 he was asked to take over the conductor's post at La Scala in Milan, Italy, the world's most famous opera house.

	(A)	(B)	(C)
①	high	very	overnight
②	high	very	in overnight
③	high	much	overnight
④	highly	much	in overnight
⑤	highly	much	overnight

---

2   conductor 지휘자; 안내자   take over 인수하다, 넘겨받다

3

(A), (B), (C)의 각 [/] 안에서 문맥에 맞는 어휘를 골라 짝지은 것으로 가장 적절한 것을 고르시오.

Global oil supplies are rapidly running (A)[short/shortly]. The U.S. remains the worlds largest oil consumer. The biggest demand increases come from China and Saudi Arabia (B)[late/lately]. The rapidly increasing employment of electric drive vehicles accelerates the fall of gasoline vehicles. Although the demand for conventional gasoline cars is still (C)[pretty/prettily] large, present market share of the electric automobiles will grow 21% (D)[present/presently].

	(A)	(B)	(C)	(D)
①	shortly	late	prettily	present
②	shortly	late	pretty	presently
③	shortly	lately	prettily	present
④	short	lately	pretty	presently
⑤	short	lately	prettily	present

3

global 지구의; 세계적인   electric drive vehicle 전기구동차량
accelerate 가속하다   conventional 재래식의
market share 시장 점유율   electric automobile 전기 자동차

4 (A), (B), (C)의 각 [/] 안에서 문맥에 맞는 어휘를 골라, 짝지은 것으로 가장 적절한 것은?

It was pretty cold yesterday afternoon. Tom told us that he could hardly enjoy skating because it was too cold. He suggested to us that we should go to my house and warm ourselves. His suggestion was timely. We went to **(A)[home/my home]**. My sister made my messy room orderly. She looked far more lovely. And then, as I was reading the TV program in a daily, Maggie and Jane asked, "How **(B)[soon/quickly]** does the big show begin?" Mom shouted, "Dinner's ready. Come **(C)[downstairs/to downstairs]**".

	(A)	(B)	(C)
①	home	downstairs	soon
②	home	downstairs	quickly
③	my home	downstairs	soon
④	my home	to downstairs	quickly
⑤	my home	to downstairs	soon

4

suggest 제안하다   timely 시기 적절한
messy 어질러진; 지저분한   orderly 정돈된
daily 매일의; 일간 신문

시험에 잘 나오는 반의어

✔ 시험에 꼭 나오는 중요 반의어

다음의 시험에 자주 나오는 중요 반의어들은 서로 반대되는 의미의 단어를, 예) 'good and evil(선과 악)', 관용구처럼 외워두는 것이 효과적이다.

1 접두어에 의한 반의어

(1) ant–, anti–, anto–
1. Arctic 북극(의) ↔ Antarctic 남극(의)
2. biotic 생명의; 생물의 ↔ antibiotic 항생물질의; 항생제
3. sympathy 공감, 동정 ↔ antipathy 반감
4. synonym 동의어 ↔ antonym 반의어

(2) dis–
1. advantage 유리 ↔ disadvantage 불리
2. agree 동의하다 ↔ disagree 의견이 다르다
3. appear 나타나다 ↔ disappear 사라지다
4. approve 승인하다 ↔ disapprove 불찬성하다
5. obey 복종하다 ↔ disobey 불복종하다
6. trust 신뢰하다 ↔ distrust 불신하다

(3) il–
1. legal 합법적인 ↔ illegal 불법적인
2. literate 읽고 쓸 줄 아는 ↔ illiterate 문맹인
3. logical 논리적인 ↔ illogical 비논리적인

(4) im–
1. mature 성숙한 ↔ immature 미성숙한
2. moral 도덕적인 ↔ immoral 부도덕한
3. mortal 숙명의 ↔ immortal 불멸의
4. partial 불공평한 ↔ impartial 공평한
5. patient 인내심이 있는 ↔ impatient 참을성 없는

6 perfect 완전한 ↔ imperfect 불완전한

7 polite 공손한 ↔ impolite 불공손한

8 possible 가능한 ↔ impossible 불가능한

9 potent 세력 있는 ↔ impotent 무력한

10 proper 적절한 ↔ improper 부적절한

11 pure 순수한 ↔ impure 불순한

(5) in-

1 accurate 정확한 ↔ inaccurate 부정확한

2 adequate 적당한 ↔ inadequate 부적당한

3 appropriate 적절한 ↔ inappropriate 부적절한

4 complete 완전한 ↔ incomplete 불완전한

5 convenient 편리한 ↔ inconvenient 불편한

6 correct 옳은 ↔ incorrect 틀린

7 credible 믿을 수 있는 ↔ incredible 믿을 수 없는

  cf) believable 믿을 수 있는 ↔ unbelievable 믿을 수 없는

8 decisive 결단력이 있는 ↔ indecisive 우유부단한

9 definite 명확히 한정된 ↔ indefinite 불명확한

10 dependent 의존적인 ↔ independent 독립적인

11 direct 직접적인 ↔ indirect 간접적인

12 formal 격식을 갖춘 ↔ informal 비격식의

13 sufficient 충분한 ↔ insufficient 불충분한

14 visible 보이는 ↔ invisible 보이지 않는

(6) ir-

1 rational 이성적인 ↔ irrational 비이성적인

2 regular 규칙적인 ↔ irregular 불규칙적인

3 responsible 책임이 있는 ↔ irresponsible 책임이 없는

(7) un-

1 able 할 수 있는 ↔ unable 할 수 없는

  cf) ability 능력 ↔ inability 무능력

2 balanced 균형 잡힌 ↔ unbalanced 균형을 잃은

3 biased 편견 있는, 치우친 ↔ unbiased 편견 없는, 공평한

4 conscious 의식의 ↔ unconscious 무의식의

5 easy 느긋한 ↔ uneasy 불안한

6 employment 취업 ↔ unemployment 실업

7 familiar 친숙한 ↔ unfamiliar 생소한, 낯선

8 fold 접다 ↔ unfold 펼치다

9 fortunate 운 좋은 ↔ unfortunate 불운의

　cf) fortune 행운 ↔ misfortune 불운

10 just 정당한 ↔ unjust 부당한

　cf) justice 정의 ↔ injustice 불의

11 lawful 합법적인 ↔ unlawful 불법적인

　cf) legal 합법적인 ↔ illegal 불법적인

12 load 싣다 ↔ unload 짐을 내리다

13 necessary 필요한 ↔ unnecessary 불필요한

14 precedented 전례가 있는 ↔ unprecedented 전례가 없는

15 reliable 믿을 수 있는 ↔ unreliable 믿을 수 없는

16 restricted 제한된 ↔ unrestricted 제한되지 않은

17 selfish 이기적인 ↔ unselfish 이기적이지 않은

18 sociable 사교적인 ↔ unsociable 비사교적인

19 stable 안정된 ↔ unstable 불안정한

　cf) stability 안정 ↔ instability 불안정(성)

20 suitable 적합한 ↔ unsuitable 부적합한

21 tidy 단정한 ↔ untidy 단정치 못한

22 tie 묶다 ↔ untie 풀다

23 usual 보통의 ↔ unusual 비범한

(8) 기타 접두어에 의한 반의어

1 clockwise 시계방향으로 ↔ counterclockwise 반시계방향으로

2 function 기능 ↔ malfunction 기능불량

3 nutrition 영양 ↔ malnutrition 영양 실조

4 treat 대접하다 ↔ maltreat 푸대접하다

5 normal 정상적인 ↔ abnormal 비정상적인

6 noble 고귀한 ↔ ignoble 비천한

7 ordinary 보통의 ↔ extraordinary 비범한

8 immigrate 이주해오다 ↔ emigrate 이주해가다

9 import 수입하다 ↔ export 수출하다

10 overestimate 과대평가하다 ↔ underestimate 과소평가하다

11 understand 이해하다 ↔ misunderstand 오해하다

12 up-to-date 최신의 ↔ out-of-date 구식의, 낡은

② 접미어에 의한 반의어

(1) -less

1 careful 주의 깊은 ↔ careless 부주의한

2 countable 셀 수 있는 ↔ countless 셀 수 없이 많은

3 merciful 자비로운 ↔ merciless 무자비한

4 harmful 유해한 ↔ harmless 무해한

5 helpful 도움이 되는 ↔ helpless 어쩔 수 없는, 속수무책인

6 painful 고통스러운 ↔ painless 고통이 없는

7 powerful 강력한 ↔ powerless 무력한

8 restful 편안한, 평온한 ↔ restless 침착치 못한, 안절부절못하는

9 thoughtful 생각이 깊은 ↔ thoughtless 생각이 없는

10 useful 유용한 ↔ useless 쓸모 없는

11 valuable 가치 있는 ↔ valueless 가치 없는

(2) -er ~행위자 ↔ -ee ~을 당하는 사람

1 employer 고용주 ↔ employee 피고용인

2 interviewer 회견자, 탐방기사 ↔ interviewee 인터뷰 대상자

3 trainer 훈련자, 조련사 ↔ trainee 실습생, 연수생

③ Latin어 반의어

1 interior 내부(의) ↔ exterior 외부(의)

2 major 다수인 ↔ minor 소수인

3 prior[anterior] 앞선 ↔ posterior 뒤의

4 senior 손위의 ↔ junior 손아래의

5 superior 우월한 ↔ inferior 열등한

(1) 명사

1 absence 부재 ↔ presence 참석

2 analysis 분석 ↔ synthesis 종합

3 ancestor 조상 ↔ descendant 후손

4 ascent 상승 ↔ descent 하강

5 birth 탄생 ↔ death 죽음

6 cause 원인 ↔ effect 결과

7 cellar 지하실 ↔ attic 다락방

8 ceiling 천장 ↔ floor 바닥

9 consonant 자음 ↔ vowel 모음

10 consumer 소비자 ↔ producer 생산자

11 comedy 희극 ↔ tragedy 비극

12 danger 위험 ↔ safety 안전

13 drawback 결점, 결함 ↔ advantage 이점

14 end 목적 ↔ means 수단

  cf) a means to an end 목적 달성을 위한 하나의 수단

15 entrance 입구 ↔ exit 출구

16 flood 밀물 ↔ ebb 썰물

17 front 앞 ↔ rear 뒤

18 friend 친구 ↔ enemy 적

19 gain 이익 ↔ loss 손실

20 good 선 ↔ evil 악

21 heaven 천국 ↔ hell 지옥

22 host 집주인 ↔ guest 손님

23 income 수입 ↔ expense 지출

  cf) revenue and expenditure 수입과 지출

24 labor 노동 ↔ management 경영

  cf) capital and labor 勞使

25 latitude 위도 ↔ longitude 경도

26 majority 다수 ↔ minority 소수

27 master ↔ servant

28 maximum 최대 ↔ minimum 최소

29 mercy 자비 ↔ cruelty 잔인, 무자비(mecilessness)

30 merit 장점 ↔ demerit 단점

31 mind 정신 ↔ body 신체 mind and body 심신

32 nephew 남자조카 ↔ niece 여자 조카

33 offense 공격 ↔ defense; defence《BrE》 방어

34 optimism 낙천주의 ↔ pessimism 비관주의

35 Orient 동양 ↔ Occident 서양

36 opponent ↔ supporter

37 prefix 접두사 ↔ suffix 접미사

38 producer 생산자 ↔ consumer 소비자

39 profit 이익 ↔ loss 손실

40 quality 질 ↔ quantity 양

41 safety 안전 ↔ danger 위험

42 soul 영혼 ↔ body 육체

43 surplus 흑자 ↔ deficit 적자

44 supply 공급 ↔ demand 수요
cf) the law of supply and demand 수요와 공급의 법칙

45 time 시간 ↔ space 공간

46 theory 이론 ↔ practice 실제
cf) theory and practice 이론과 실제

47 vice 악덕 ↔ virtue 미덕

48 victory 승리 ↔ defeat 패배

49 war 전쟁 ↔ peace 평화

남성명사와 여성명사

1 actor 배우 ↔ actress 여배우

2 author 작가 ↔ authoress 여류 작가

3 duke 공작 ↔ duchess 공작 부인

4 emperor 황제 ↔ empress 황후

5 god 신 ↔ goddess 여신

6 hero 주인공 ↔ heroine 여주인공

7 host 주인 ↔ hostess 여주인

8 poet 시인 ↔ poetess 여류 시인

9 widow 과부 ↔ widower 홀아비

(2) 동사

1. abound 풍부하다 ↔ lack 부족하다
2. accelerate 가속화하다 ↔ retard 속도를 늦추다
3. accept 받아들이다 ↔ reject 거절하다
4. add 더하다 ↔ subtract 빼다
5. admire 찬탄하다 ↔ despise 멸시하다
6. allow, permit 허락하다 ↔ forbid 금지하다
7. arrive 도착하다 ↔ depart 출발하다
8. ascend 상승하다 ↔ descend 하강하다
9. attach 붙이다 ↔ detach 떼어내다
10. conceal 감추다 ↔ reveal 폭로하다
11. confine, imprison 감금하다 release 석방하다
12. consume 소비하다 ↔ produce 생산하다
13. continue 계속하다 ↔ interrupt 중단하다
14. deduce 연역하다 ↔ induce 귀납하다
15. diverge 갈라지다 ↔ converge 모이다, 집중하다
16. earn 벌다 ↔ spend 쓰다, 소비하다
17. emerge 나타나다 ↔ submerge 물에 잠기다
18. employ 고용하다 ↔ dismiss 해고하다
19. enact 제정하다 ↔ abolish 폐지하다
20. encourage 격려하다 ↔ discourage 낙심케 하다
21. freeze 얼다, 얼리다 ↔ melt 녹다, 녹이다
22. gain 시계가 더 가다 ↔ lose 시계가 늦게 가다
23. increase 증가하다 ↔ decrease 감소하다
24. inhale 들이쉬다 ↔ exhale 내쉬다
25. interrupt 중단시키다 ↔ continue 계속하다
26. lend 빌려주다 ↔ borrow 빌려오다
27. lengthen 길게 하다 ↔ shorten 짧게 하다
28. praise 칭찬하다 ↔ blame 비난하다
29. punish 벌하다 ↔ forgive 용서하다
30. respect 존경하다 ↔ despise 경멸하다, 얕보다
31. separate; divide 분리하다[시키다] ↔ unite; combine 결합하다
32. underestimate 과소 평가하다 ↔ overestimate 과대 평가하다

1 absent 결석한 ↔ present 출석한
2 absolute 절대적인 ↔ relative 상대적인
3 abstract 추상적인 ↔ concrete 구체적인
4 abundant 풍부한 ↔ short, lacking 부족한
5 accidental 우발적인 ↔ intentional 고의적인
6 active 능동적 ↔ passive 수동적
7 affirmative 긍정적인 ↔ negative 부정적인
8 ancient 고대의 ↔ modern 현대의
9 arrogant 교만한 ↔ modest 겸손한; humble 비굴한
10 brave 용감한 ↔ cowardly 비겁한
11 broad, wide 넓은 ↔ narrow 좁은
12 cheap 싼 ↔ expensive 비싼
13 conservative 보수적인 ↔ liberal 개방적인; progressive 진보적인
14 deep 깊은 ↔ shallow 얕은
15 diligent 부지런한 ↔ lazy, idle 게으른
16 domestic 국내의 ↔ foreign 외국의
17 dry 건조한 ↔ humid, damp 습기 찬, 축축한
18 dynamic 역동적인 ↔ static 정적인
19 fat 뚱뚱한 ↔ lean, slim 여윈
20 fertile 기름진, 비옥한 ↔ barren, sterile 메마른, 척박한
21 friendly 우호적인 ↔ hostile 적대적인
22 full-time 전업의, 전임의 ↔ part-time 시간제의
23 general 일반적인 ↔ special 특별한; specific 특정한
24 guilty 유죄인 ↔ innocent 무죄인
25 hopeful 희망적인 ↔ desperate 절망적인
26 hospitable 호의적인 ↔ hostile 적대적인
27 huge 거대한 ↔ tiny 작은
28 interesting ↔ boring, dull
29 inner 내부의 ↔ outer 외부의
30 loose 느슨한 ↔ tight 꼭 끼는
31 male 남성(의) ↔ female 여성(의) ≪생물학적 성≫
32 masculine 남성(의) ↔ feminine 여성(의) ≪문법적 성≫

33 mutual 상호간의 ↔ lopsided, unilateral 일방적인

34 natural ❶ 자연의 ↔ artificial 인공의
　　　　 ❷ 자연의 ↔ unnatural 인공의
　　　　 ❸ 자연의 ↔ supernatural 인공의

35 obvious 명백한 ↔ vague; ambiguous; obscure 모호한

36 occupied 점령된, 차지한 ↔ vacant 빈, 비어있는

37 odd 홀수의 ↔ even 짝수의

38 optimistic 낙천적인 ↔ pessimistic 비관적인, 염세적인

39 physical; material ❶ 물질적 ↔ spiritual 정신적
　　　　 ❷ 형이하(形而下)의 ↔ metaphysical 형이상학의
　　　　 ❸ 육체적인 ↔ mental 정신적인; psychic 심적인

40 permanent 영속적인 ↔ temporary 일시적인

41 positive 적극적인 ↔ passive 소극적인

42 private 사적인 ↔ public 공적인

43 profound 심오한, 깊은 ↔ superficial 피상적인

44 rural 시골의 ↔ urban 도시의

45 selfish 이기적인 ↔ altruistic 이타적인

46 sharp 날카로운 ↔ dull 무딘, 둔한

47 simple ❶ 단순한, 쉬운 ↔ complex, complicated 복잡한
　　　　 ❷ 단일의 ↔ compound 복합의
　　　　 ❸ 소박한 ↔ luxurious 화려한

48 singular 단수(의) ↔ plural 복수(의)

49 smooth 부드러운 ↔ rough 거친

50 sober 술이 깬 ↔ drunk 술 취한

51 solar 태양의 ↔ lunar 달의

52 subjective 주관적인; 주격(의) ↔ objective 객관적인; 목적격(의)

53 sweet 달콤한 ↔ bitter 쓴

54 tame 길들여진 ↔ wild 야생의

55 true 참된 ↔ false 거짓인

56 vertical 수직의 ↔ horizontal 수평의

57 voluntary 자발적인 ↔ compulsory 강제적인

58 well-off 부유한(=rich) ↔ badly-off 가난한(=poor)

59 wholesale 도매(의) ↔ retail 소매(의)

(A), (B), (C) 각 [/] 안에서 문맥에 맞는 어휘를 골라, 짝지은 것으로 가장 적절한 것을 고르시오.

> Nepal gets much of its **(A)[expenditure/revenue]** from the climbing fee paid by foreigners. From next year, mountaineers will have to pay raised climbing fee to **(B)[ascend/descend]** the Mount Everest. To help clean up garbage and gear left behind by expeditions, Nepal has raised its climbing fee from about $2,500 to $10,000 for a party. Mountaineers may gain a weight advantage, because their wallets will be about four times **(C)[heavier/lighter]**.

	(A)		(B)		(C)
①	expenditure	……	ascend	……	lighter
②	revenu	……	ascend	……	ighter
③	expenditure	……	descend	……	lighter
④	revenue	……	descend	……	heavier
⑤	expenditure	……	descend	……	heavier

Notes

mountaineer 등반가
gear 용구, 장비
advantage 이점, 유리한 점

climbing fee 등반료
expedition 원정, 탐험
wallet 지갑

해석 네팔은 (A)[지출/**세입**]의 많은 부분을 외국인들이 지불하는 등반료로 부터 얻는다. 내년부터 등반가들은 에베레스트 산에 (B)[**오르기**/내리기] 위해서는 인상된 등반료를 지불해야 할 것이다. 원정에서 뒤에 남기고 간 쓰레기와 등산 장비를 청소하는 것을 돕기 위해, 네팔은 등반료를 등반대 당 2,500 달러에서 10,000 달러로 인상했다. 등반가들은 그들의 지갑이 4배나 (C)[더 무거워질/더 **가벼워질**] 것이기 때문에 중량 면에서는 이점을 얻게 될 것이다.

정답 ②

[1–10] 다음 각 문장의 [/] 안에 주어진 단어 중 알맞은 것을 고르시오.

1. His success was an **[extraordinary/unordinary]** achievement.

2. The tide is rising; The tide is on the **[flood/ebb]**.

3. If something is against the law, it is **[illegal/unlegal]**.

4. My elder brother is **[junior/senior]** to me by two years.

5. Religious conflict causes social **[unstability/instability]** and violence.

6. He looks on the bright side of things; he is **[optimistic/pessimistic]**.

7. He **[folded/unfolded]** a map to locate the tourist attraction.

8. I've **[lent/borrowed]** the book to a friend.

9. Many Indian brain workers **[emigrate/immigrate]** to America.

10. The equator is an imaginary line which represents zero degree in
[latitude/longitude].

Notes

1.extraordinary	2.flood	3.illegal	4.senior	5.instability
6.optimistic	7.unfolded	8.lent	9.immigrate	10.latitude

해석

1. 그의 성공은 [보기 드문/철자 틀림] 성취였다.

2. 조수가 올라가고 있다; 조수가 [밀물/썰물] 때이다.

3. 어떤 일이 법에 위배되는 것이라면 그것은 [불법적인/철자 틀림] 것이다.

4. 내 손위의 형은 나보다 2살 [연하/연상]이다.

5. 종교적 갈등이 사회[철자 틀림/불안정]과 폭력의 원인이 되고 있다.

6. 그는 사물의 밝은 면을 본다; 그는 [낙천적/비관적]이다.

7. 그는 관광명소를 찾기 위해 지도를 [접었다/폈다].

8. 나는 그 책을 친구에게 [빌려주었다/빌려왔다].

9. 인도의 많은 고급 두뇌들이 미국으로 [이주해 간다/이주해 온다].

10. 적도는 [위도/경도]에서 0도를 나타내는 가상의 선이다.

11. For better understanding, he explained it in the **[concrete/abstract]**.

12. If you forget the lesson, it is **[invaluable/valueless]**.

13. It was **[misfortunate/unfortunate]** that he couldn't speak English.

14. The country is notorious for its **[partial/impartial]** judgement.

15. The high temperatures are **[abnormal/unnormal]** for this time of year.

16. Citizens have fought against poverty and **[injustice/unjustice]**.

17. It is **[unnoble/ignoble]** to speak ill of a person behind his back.

18. Your watch is 5 minutes slow; it **[gains/loses]** 5 minutes a day.

19. Science broke down the **[artificial/natural]** barriers of nation.

20. Your **[employee/employer]** is the company or the boss that you work for.

Notes

11.concrete	12.valueless	13.unfortunate	14.partial	15.abnormal
16.injustice	17.ignoble	18.loses	19.artificial	20.employer

해석

11. 이해하기 쉽도록 그는 그것을 [구체적으로 / 추상적으로] 설명했다.

12. 네가 그 교훈을 잊는다면, 그것은 [너무나 귀중한 / 가치 없는] 것이다.

13. 그가 영어를 할 줄 모르는 것이 [철자 틀림 / 유감]이었다.

14. 그 나라는 [편파적인 / 공평한] 판정으로 악명 높다.

15. 일년 중 이맘때 온도가 높은 건 [비정상 / 철자 틀림]이다.

16. 시민들은 가난과 [부정 / 철자 틀림]에 맞서 싸워왔다.

17. 사람을 등뒤에서 욕하는 것은 [철자 틀림 / 비열한] 일이다.

18. 너의 시계는 5분 늦다; 그것은 하루에 5분 [더 간다 / 덜 간다].

19. 과학은 국가라는 [인위적 / 자연적] 장벽을 허물었다.

20. [종업원 / 고용주]는 여러분이 근무하는 회사 또는 사장이다.

[21-30] 다음 각 문장의 [/] 안에 주어진 단어 중 알맞은 것을 고르시오.

21. He treated Tom's muscle pain with a **[physical/psychic]** therapy.
22. He gave up a **[temporary/permanent]** job in order to freelance.
23. He so longed to see her that he **[accepted/refused]** her invitation.
24. Tests revealed the **[absence/presence]** of diamonds in the ore.
25. Put these things in a box. **[Bring/Take]** the box here.

26. Scientists need to be **[subjective/objective]** when doing research.
27. Do you have any **[abstract/concrete]** evidence to believe it?
28. His diet to lose weight **[excludes/includes]** fatty dairy products.
29. She gave a ready **[affirmative/negative]** answer, "Fantastic!".
30. Being so hungry, he chose the bread by its **[quality/quantity]**.

Notes

21.physical	22.permanent	23.accepted	24.presence
25.Bring	26.objective	27.concrete	28.excludes
29.affirmative	30.quantity		

해석

21. 그는 Tom의 근육통증을 [물리적/심리적] 요법으로 치료했다.
22. 그는 프리랜서로 활동하기 위해 [임시직/영구직]을 포기했다.
23. 그는 그녀를 보기를 몹시 열망해서 그녀의 초대를 [받아들였다/거절했다].
24. 테스트가 그 광석 속에 다이아몬드가 [없음/있음]을 보여주었다.
25. 이것들을 상자에 넣어라. 그 상자를 이리로 [가져와라/가져가다].

26. 과학사들은 연구할 때 [주관적/객관적]이 될 필요가 있다.
27. 그것을 믿을 만한 [추상적/구체적]인 증거가 있습니까?
28. 몸무게를 줄이기 위한 그의 식단은 기름진 낙농제품을 [배제한다/포함한다].
29. 그녀는 "환상적이다!"라고 즉각적인 [긍정적/부정적] 응답을 했다.
30. 너무 시장해서 그는 [질/양]을 보고 빵을 골랐다.

31. This farmland was a **[barren/fertile]** desert long ago.

32. People prefer **[artificial/natural]** flowers because of their scent.

33. Koreans are treated as a **[minority/majority]** people in America.

34. Those who are afraid of change are called **[conservative/progressive]**.

35. She was employed on a **[temporary/permanent]** basis for a month.

36. He is a direct **[ancestor/descendant]** of Napoleon.

37. The jury found him **[guilty/innocent]** of bribery; he is corrupted.

38. Do you promise not to **[conceal/reveal]** my secret?

39. As the explorer is missing, his last remains **[obvious/obscure]**.

40. These oranges are **[foreign/domestic]** produce; they are imported.

Notes

| 31.barren | 32.natural | 33.minority | 34.conservative | 35.abnormal |
| 36.descendant | 37.ignoble | 38.reveal | 39.obscure | 40.foreign |

해석

31. 이 농장은 오래 전에는 [척박한 / 비옥한] 사막이었다.

32. 사람들은 향기 때문에 [조화 / 생화]를 더 좋아한다.

33. 한국인들은 미국에서 [소수민족 / 다수민족; 주류민족]으로 취급받는다.

34. 변화를 두려워하는 사람들은 [보수적 / 신보적]이라 불린다.

35. 그녀는 한달 간 [임시직 / 영구직]으로 고용되었다.

36. 그는 나폴레옹의 직계 [조상 / 후손]이다.

37. 배심원들은 그의 뇌물죄로 [유죄인 / 무죄인] 것을 발견했다; 그는 부패했다.

38. 너 내 비밀을 [감추다 / 누설하다]하지 않겠다고 약속하겠니?

39. 그 탐험가가 행방불명되어 그의 최후는 [명백하다 / 모호하다].

40. 이 오렌지들은 [외국산인 / 국내산인]이다.; 그것들은 수입된 것들이다.

1 (A), (B), (C)의 각 [/] 안에서 문맥에 맞는 어휘를 골라 짝지은 것으로 가장 적절한 것을 고르시오.

> For the past 100 years, conventional internal combustion engine automobiles have enjoyed almost monopoly in the world of automobile industry. But because of high oil price, air pollution, and greenhouse gas, people began to notice the (A)[merits/demerits] of electric automobiles over gasoline engine automobiles, that is, cheap energy source and clean air. The rapidly increasing employment of electric drive vehicles accelerates the (B)[rise/fall] of gasoline vehicles. The (C)[gain/loss] from the electric vehicle proves evident thanks to the advances in battery and power management technologies.

	(A)	(B)	(C)
①	demerits	rise	loss
②	merits	rise	gain
③	demerits	rise	loss
④	merits	fall	gain
⑤	demerits	fall	loss

---

1   conventional 재래식의   internal combustion engine 내연기관
monopoly 전매, 독점(권)   electric drive vehicle 전기구동차량
accelerate 가속하다   evident 분명한, 명확한

2

(A), (B), (C)의 각 [/] 안에서 문맥에 맞는 어휘를 골라, 짝지은 것으로 가장 적절한 것은?

The reason we have difficulty breathing at high altitudes is that the air pressure (A)[increases/decreases] as we ascend. This results in (B)[more/less] oxygen entering our lungs as we inhale. The oxygen level in the air is about 21%, which does not change regardless of where we are standing on earth. It is the air pressure that causes the change of oxygen intake of our body. One way to increase the oxygen intake is to take a pressure breathing. Take a deep breath until your lungs expands, and (C)[inhale/exhale] forcefully as much carbon dioxide as possible.

	(A)	(B)	(C)
①	decreases	less	exhale
②	decreases	more	exhale
③	increases	more	inhale
④	increases	less	inhale
⑤	increases	more	exhale

2

altitude 고도	ascend 오르다, 상승하다
inhale 들이쉬다	exhale 내쉬다
intake 섭취량	carbon dioxide 이산화탄소

1 (A), (B), (C)의 각 [/] 안에서 문맥에 맞는 어휘를 골라 짝지은 것으로 가장 적절한 것을 고르시오.

> When I stood on the summit of the island, an endless beach **(A)[folded/unfolded]** before my eyes. On a stormy day, there was a flash of lightning, and after that a great roll of thunder. A sudden frightening thought entered my mind. If the lightning caught the gunpowder, all of it might explode, and I would have nothing left to defend myself with. After the storm was over, I hurriedly made boxes. I **(B)[separated/united]** the gunpower of a good quality, and put a small **(C)[quantity/quality]** of gunpowder in each box.

(A)	(B)	(C)
① folded	separated	quantity
② folded	separated	quality
③ unfolded	separated	quantity
④ unfolded	united	quality
⑤ unfolded	united	quantity

---

1 a flash of lightning 번개의 섬광   a roll[bolt] of thunder 천둥의 울림
frightening 무시무시한   gunpowder 화약

2

(A), (B), (C)의 각 [/] 안에서 문맥에 맞는 어휘를 골라, 짝지은 것으로 가장 적절한 것은?

Deciduous trees are proper as a means of controlling solar heating and cooling. When planted on the southern side of a building, their leaves provide shade during the summer, while the bare, leafless trees **(A)[allow/interfere]** light to pass during the winter. In climates with **(B)[little/much]** heating loads, deciduous trees should not be planted on the southern side of a building because they will interfere with winter solar availability. They can, however, be used on the east and west sides to provide summer shading as so nice a way of **(C)[natural/artificial]** cooling system.

	(A)	(B)	(C)
①	allow	little	natural
②	allow	much	natural
③	interfere	little	natural
④	interfere	much	artificial
⑤	interfere	little	artificial

---

2   deciduous tree 낙엽수(↔ persistent tree 상록수)

shade 그늘; 차양   bare 벌거벗은

interfere 방해하다   availability 유용성, 효용

3 (A), (B), (C)의 각 [/] 안에서 문맥에 맞는 어휘를 골라 짝지은 것으로 가장 적절한 것을 고르시오.

pi(π), the ratio of the circumference of a circle to its diameter, starts its first part of digits with 3.14159, and goes on its digits endlessly. To mathematicians, the greatest difficulty is simply that pi has an **(A)[finite/infinite]** number of digits. That's why they have regarded pi as a test of their ability and even today it still remains one **(B)[easy/difficult]** test for mathematicians. The previous world record was 201 million digits. Now some **(C)[ordinary/ extraordinary]** mathematicians have claimed the new world record, suggesting that they have calculated pi up to 480 million digits.

(A)	(B)	(C)
① finite	easy	extraordinary
② finite	easy	ordinary
③ finite	difficult	extraordinary
④ infinite	difficult	ordinary
⑤ infinite	difficult	extraordinary

3

ratio 비율
diameter 지름, 직경
test 시금석

circumference 원주, 원둘레
digit 아라비아숫자; 손발가락
calculate 계산하다

4 (A), (B), (C)의 각 [/] 안에서 문맥에 맞는 어휘를 골라, 짝지은 것으로 가장 적절한 것은?

It is because of the extremely high taxes levied on oil that oil prices are (A)[expensive/high]. The political (B)[stability/instability] in the oil producing countries causes concerns over the secure supply of oil. But the end of the expensive oil is near. The social need and pressure to reduce local air pollution and greenhouse gas emissions (C)[encourages/discourages] the dependence on the once black gold. Moreover, thanks to the development of efficient car batteries, electric cars become more and more popular.

	(A)	(B)	(C)
①	expensive	instability	encourages
②	expensive	stability	encourages
③	high	instability	discourages
④	high	stability	discourages
⑤	high	instability	encourages

4
levy 세금을 부과하다, 징수하다   concern 염려, 걱정
secure 안전한, 안정된   pollution 공해
emission 방사; 배출   efficient 효율적인

다의어(polysemy)의 뜻 파악하기 1

✔ 시험에 꼭 나오는 중요 다의어

한 단어에 여러 가지 의미가 있는 단어들을 다의어라 한다. 다의어는 특히 해석상 혼동을 주기 쉬우므로 철저히 공부해 두어야 한다. 시험에서는 빠지지 않고 출제된다.

1 다의어의 의미 파악하기 Ⅰ (Ⅱ는 p170에, Ⅲ는 p196에 계속)

☐ 1 account	☐ 13 book	☐ 25 concern
☐ 2 address	☐ 14 bound	☐ 26 content
☐ 3 against	☐ 15 break	☐ 27 contract
☐ 4 air	☐ 16 capital	☐ 28 count
☐ 5 allowance	☐ 17 certain	☐ 29 cover
☐ 6 an, a	☐ 18 chance	☐ 30 credit
☐ 7 apply	☐ 19 change	☐ 31 deal
☐ 8 appreciate	☐ 20 character	☐ 32 decline
☐ 9 article	☐ 21 charge	☐ 33 degree
☐ 10 as	☐ 22 check	☐ 34 deliver
☐ 11 bear	☐ 23 claim	☐ 35 domestic
☐ 12 bill	☐ 24 company	☐ 36 drive

1. account

1.계산 (reckoning; computation)	He is very quick at accounts. 그는 계산이 매우 빠르다.
2.계좌 (entries)	I'd like to open an account. 계좌를 개설하고 싶은데요.
3.외상; 계산서, 청구서 (bill)	Short accounts make long friends. 셈이 빨라야[외상이 없어야] 친분이 오래간다.
4.설명(하다), 기술 (explanation, description)	The paper accounts for the incident. 그 보고서가 그 사건을 설명 해준다.
5.중요성, 가치 (importance, value)	The matter is of great account. 그 일은 대단히 중요하다.
6.고려, 생각 (consideration)	He took her position into account. 그는 그녀의 입장까지도 고려하였다.
7.이유; 근거 (reason; basis)	The game was put off on account of the rain. 그 경기는 비 때문에 연기되었다.

아래에 주어진 사전 뜻풀이 가운데, 다음 문장에 사용된 밑줄 친 <u>account</u> 의 의미와 일치하는 것은?

> Those who wish to work for the whole mankind will take little <u>account</u> of national boundaries.
>
> **account**(əˈkaunt),n. **1.reckoning; computation**: He is very quick at accounts. **2.a record of bank about receipts and payments**: Do you have any account with us? **3.a statement; description**: The report gives a true account of the phenomenon. **4.value; importance**: The matter is of great account. **5.consideration; thought**: He takes time into account. **6.reason for an action**: The game was put off on account of the bad weather.

① 2 　 ② 3 　 ③ 4 　 ④ 5 　 ⑤ 6

Notes

take account of ~을 고려하다 　　boundary 경계, 경계선
reckon 세다, 계산하다 　　computation 계산
statement 설명 　　phenomenon 현상(pl. phenomena)

해석

인류전체를 위해 일하기를 바라는 이들은 국경을 **중시**하지 않는다.
1.계좌: 그는 계산이 매우 빠르다.
2.계산: 우리 은행에 계좌가 있습니까?
3.설명: 그 보고서가 그 현상에 대해 진실한 설명을 해준다.
4.가치, 중요성: 그 일은 대단히 중요하다.
5.고려, 생각: 그는 시간을 고려한다.
6.이유: 그 경기는 나쁜 날씨 때문에 연기되었다.

정답　③

1. account

1.계산 (reckoning; computation)	He is very quick at accounts. 그는 계산이 매우 빠르다.
2.계좌 (entries)	I'd like to open an account. 계좌를 개설하고 싶은데요.
3.외상; 계산서, 청구서 (bill)	Short accounts make long friends. 셈이 빨라야[외상이 없어야] 친분이 오래간다.
4.설명(하다), 기술 (explanation, description)	The paper accounts for the incident. 그 보고서가 그 사건을 설명 해준다.
5.중요성, 가치 (importance, value)	The matter is of great account. 그 일은 대단히 중요하다.
6.고려, 생각 (consideration)	He took her position into account. 그는 그녀의 입장까지도 고려하였다.
7.이유; 근거 (reason; basis)	The game was put off on account of the rain. 그 경기는 비 때문에 연기되었다.

2. address

1.주소(를 기입하다)	This letter is wrongly addressed. 이 편지는 주소가 잘못 기입되어 있다.
2.~에게 말을 걸다 (speak to)	A customer addressed me in French. 한 고객이 나에게 불어로 말을 걸었다.
3.연설(하다) (make a speech)	He delivered an address on the environment. 그는 환경에 관해 연설했다.
4.호칭을 부르다	How may I address your name? 성함을 어떻게 부를까요?
5.건의하다	He addressed a complaint to the president. 그는 회장에게 불만사항을 건의했다.

3. against

1.~의 반대 방향으로 (in a direction opposite to)	The boat ran against the current. 그 배는 물이 흐르는 반대 방향으로 거슬러 올라갔다.
2.~에 반대하여 (in opposition to)	Are you for or against the bill? 당신은 그 법안에 찬성입니까, 아니면 반대입니까?
3.~에 대비하여 (in preparation for)	Provide dry socks against a rainy day. 어려울 때에 대비하여 준비해 두라.
4.~에 기대어 (in contact with)	He was leaning against the tree. 그는 나무에 기대어 있었다.
5.~을 배경으로 하여 (against the background of)	The sailboat looks elegant against the blue sea. 그 범선은 푸른 바다를 배경으로 하여 우아하게 보인다.

4. air

1.공기(에 쐬다)	She hung out clothes to air. 옷이 마르도록 내다 널었다.
2.외양, 태도 (bearing)	You have a cheerful air. 즐거워 보이는구나.
3.허풍(떨다), 떠벌리다	He aired his costly watch. 그는 그의 비싼 시계를 자랑했다.
4.항공교통; 공군	The air force transported food by air. 공군이 식량을 항공편으로 수송했다.
5.무전; 방송(하다)	The soccer game is on the air. 그 축구경기가 방송 중이다.

5. allowance

1.(특정 목적을 위한) 수당, 급여액	The company gives him a travel allowance. 회사는 그에게 여행수당을 준다.
2.용돈 (pocket money)	The child gets the weekly allowance of $20. 그 아이는 매주 20달러의 용돈을 받는다.
3.허용, 허락, 승인 (permission)	A traveller stayed there by his allowance. 여행자는 그의 허락을 받고 거기에 머물렀다.
4.참작, 감안(보통 pl.)	The budget made allowance for inflation. 그 예산안은 인플레이션을 감안[참작]한 것이었다.
5.치수 · 무게 등의 허용량	The baggage allowance of mail is 20 kilos. 우편물 수하물 허용량은 20킬로이다.

6. an, a

1.하나의 (one)	Rome was not built in a day. 로마는 하루아침에 이루어지지 않았다.
2.같은 (the same)	Birds of a feather flock together. 같은 깃털의 새는 끼리끼리 모인다.
3.~라는 것은 (모두) (any)	A dog is a faithful animal. (어떤 개이든) 개는 충성스러운 동물이다.
4.약간의 (some)	I have a knowledge of astronomy. 나는 (전문가는 아니지만) 천문학에 대해 좀 알고 있다.
5.일종의 (a kind of)	Lizard is said to be a dinosaur. 도마뱀은 일종의 공룡이라고 한다.
6.~당 (per; each; every)	We have five English classes a week. 우리는 주 당 5시간의 영어수업이 있다.
7.어떤 (a certain)	A Mr. Brown has come to see you. (어떤) 브라운씨라는 분이 당신을 만나러 오셨습니다.

7. apply

1.신청하다; 지원하다	He applied for a job to the company. 그는 그 회사 일자리에 지원했다.
2.쓰다, 응용하다	The new technology was applied to farming. 그 신기술은 농사에 응용되었다.
3.(페인트 · 크림 등을) 바르다	Apply the cream sparingly to your face. 크림을 얼굴에 조금씩 바르시오.
4.적용되다, 해당되다	This regulation applies to ones under 18. 이 규정은 18세 이하에게 적용된다.
5.전념[몰두]하다	He applied himself to his study. 그는 공부에 전념하였다.

8. appreciate

1.진가를 인정하다 ;높이 평가하다	Her talents are appreciated in the field. 그녀의 재능은 그 분야에서 진가를 인정받고 있다.
2.인식하다 (recognize)	He didn't appreciate the dangers of the job. 그는 그 직업의 위험성을 인식하지 못했다.
3.감상하다 (relish)	We can't really appreciate English poems in translation. 번역으로는 영시의 참맛을 진정으로 느낄 수 없다.
4.감사하다 (be grateful)	We do really appreciate your help. 도와주셔서 매우 감사합니다.
5.값을 올리다[오르다] (opp. depreciate)	The value of dollar has appreciated by 10%. 달러의 가치가 10%나 올랐다.

9. article

1.(신문 · 잡지의) 글, 기사 (column)	I read an article on China in the newspaper. 나는 신문에서 중국에 관한 기사를 읽었다.
2.(법률의) 조항 (clause, item)	Article 10 of the EC guarantees free speech. 유럽협약 제10조는 언론의 자유를 보장하고 있다.
3.물품 (commodity)	The store sells various articles of clothing. 그 상점은 다양한 의류품목을 판다.
4.(문법) 관사	You need a definite article here. 여기에는 정관사(the)가 필요하다.

10. as

1.(직유) ~처럼, ~같이 (like, such as)	She is as busy as a bee. 그녀는 (꿀벌처럼) 몹시 바쁘다.
2.(신분·자격) ~로서	He is well-known as an inventor. 그는 발명가로 잘 알려져 있다.
3.(정도) …만큼 …한	He is as tall as I. 그는 나 만큼 키가 크다.
4.(때) ~할 때, ~하면서 (when, while)	She came in as I was leaving. 내가 떠나려 할 때 그녀가 들어왔다.
5.(비례) ~함에 따라	Languages change as people use them change. 언어 사용자들이 변화함에 따라 언어는 변화한다.
6.(이유) ~이기 때문에 (because, since)	As it was getting dark, we soon turned back. 날이 어두워지고 있어서 우리는 곧 되돌아 왔다.
7.(양태) ~하듯이; ~대로	Do in Rome as the Romans do. 로마에서는 로마인이 하듯이 하라.
8.(양보) ~이긴 하지만 (although, though)	Young as she was, she passed the test. 어리지만, 그녀는 그 시험에 합격했다.

11. bear

1.나르다 (carry, bring)	The stream bears along sand. 시냇물이 모래를 나른다.
2.(몸에) 지니다, 휴대하다 (carry)	His hand bears the stain of ink. 그의 손에는 잉크자국이 남아있다.
3.지탱하다 (uphold, sustain, support)	The ice is too thin to bear your weight. 얼음이 너무 얇아서 네 몸무게를 지탱하지 못한다.
4.참다, 견디다 (endure; tolerate; stand)	I can't bear the smell of cigarette smoking. 나는 담배연기 냄새를 견딜수 없다.
5.낳다 (bring forth, give birth to)	She has borne him three children. 그녀는 그에게 아이 셋을 낳아주었다.
6.열리다; 생산하다 (produce; yield)	The tree bears a lot of fruits every year. 그 나무에는 해마다 많은 열매가 열린다.

12. bill

1.계산서, 청구서	Let's split the bill. 각자 부담[계산]으로 하자.
2.지폐 (note)	He has a 100-dollar bill. 그는 100달러짜리 지폐를 가지고 있다.
3.법안, 의안	The bill is passed in the Congress. 그 법안이 의회에서 통과되었다.
4.광고전단, 벽보, 포스터, 삐라	Post No Bills. 이곳에 벽보를 붙이지 마시오.〈게시용어〉
5.부리 (beak)	Birds have bills. 새는 부리가 있다.

13. book

1.책, 서적; 저술, 저작 (work, writing)	Many people buy books by internet. 많은 사람들이 인터넷으로 책을 산다.
2.권(卷), 편(篇) (volume)	I have bought the Book I of the series. 나는 그 시리즈의 제1권[편]을 샀다.
3.[pl.] 회계장부; 기장하다 (keep accounts)	I am a bookkeeper; I keep books. 나는 부기담당이다; 나는 장부에 기록하다.
4.[pl.] 명부(에 기입하다) (list, register, roll)	Are they on the books, or off the books? 그들은 명부에 올라있니, 아니면 제명되어 있니?
5.(호텔·항공편을) 예약하다 (reserve)	He booked a flight to New York. 그는 뉴욕 행 항공편을 예약했다.

14. bound

1.묶인; (책이) 장정(裝幀)된, 제본된(tied)	The arrested thief was bound hand and foot. 그 체포된 도둑은 손발이 묶였다.
2.(법·의무상) ~해야 하는 (obliged)	Father is bound to do raise his children. 아버지는 자신의 자식들을 양육해야 한다.
3.꼭 ~할 것 같은 (certain)	It is bound to rain soon. 곧 비가 올 것이다.
4.튀어[뛰어] 오르다; 도약, 약진 (leap, jump, spring)	The company advanced by leaps and bounds. 그 회사는 약진에 약진을 거듭했다.
5.경계(선)(border); 경계를 짓다	Germany is bounded on the south by France. 독일은 남쪽으로 프랑스와 접하고 있다.
6.(열차·비행기 등이) ~행(行)의	This train is bound for Paris. 이 열차는 파리행이다.

15. break

1.부서지다, 깨지다[깨뜨리다]; 　깨짐, 파괴, 파손	Glass breaks easily. 유리는 깨지기 쉽다.
2.(기계가) 고장나다 　(get out of order)	The bike won't break down easily. 자전거는 쉽게 고장나지 않는다.
3.중단[차단](하다); (회로의) 차단 　(stoppage)	The railway communication is broken. 열차교통이 중단되었다.
4.잠깐의 휴식, 짧은 휴가 　(brief rest, interval, recess)	Let's have a ten-minute break. 10분간 쉽시다.
5.잔돈으로 바꾸다, 헐다 　(change)	Could you break a 20 dollar bill? 20달러 짜리 지폐를 잔돈으로 바꾸어주세요.
6.(법·약속을) 어기다, 위반하다 　(violate, betray)	He never break his word. 그는 결코 자신의 약속을 어기지 않는다.
7.나쁜 버릇을 끊다; 　~의 나쁜 버릇을 고치다	He broke his child of that bad habit. 그는 자기 아이의 그 나쁜 버릇을 고쳐 주었다.
8.속박을 박차고 나오다; 탈옥 　(prison break)	Two smugglers break (out of) prison. 두 명의 밀수업자가 탈옥했다.
9.(말 등을) 길들이다 　(tame, domesticate)	It is not easy to break in a bronco. 야생마를 길들이기는 쉽지 않다.
10.(구름·안개·어둠이) 걷히다; 　(서리가) 녹다	As day broke. dark clouds broke away. 날이 밝으면서 먹구름도 걷혔다.
11.관계를 끊다, 절교하다	She broke off with Tom. 그녀는 탐과 절교했다.
12.돌발하다, 갑자기 나타나다	In the sea a storm breaks (out). 바다에서는 갑자기 폭풍이 일어난다.

16. capital

1.수도; 주요한 　(chief, principal)	Cairo is the capital of Egypt. 카이로는 이집트의 수도이다.
2.대문자 　(capital letter, opp. small letter)	Write the title in capitals, not in small letters. 표제를 소문자가 아닌 대문자로 써라.
3.자본 　(a capital fund)	Our company had a starting capital of $100,000. 우리 회사의 자본금은 10만 달러였다.
4.최고급의, 훌륭한 　(first-class)	Capital! A capital idea flashed into my mind. 최고야! 멋진 착상이 내 머리에 떠올랐다.
5.(죄가) 사형감인 　(punishable by death)	Capital punishment is a neccessary evil. 사형은 필요악이다.

17. certain

1.확실한, 틀림없는 (sure)	He is certain to succeed. 그는 틀림없이 성공할 것이다.
2.확신하는 (convincing)	She wasn't certain when he would arrive. 그녀는 그가 언제 도착할런지 확신이 서지 않았다.
3.일정한, 확정된 (definite, fixed)	The train runs at a certain rate. 기차는 어떤 일정한 속도로 달린다.
4.어떤 (unspecified)	Certain people might disagree with this. 어떤 사람들은 이것에 동의하지 않을 것이다.
5.어느 정도의, 약간의 (some)	The novel is true, to a certain extent. 그 소설이 어느 정도는 사실이다.

18. chance

1.우연; 우연한 일 (accident)	I met her there by chance. 나는 거기서 우연히 그녀를 만났다.
2.기회, 호기, 계기 (opportunity)	It was the chance of a lifetime. 그것은 일생에 다시 없을 좋은 기회였다.
3.가망, 승산 (prospects)	He stands a good chance of winning. 그가 승리할 승산이 충분히 있다.
4.위험, 모험 (risk)	He is wise enough not to run a chance of failure. 그는 현명해서 실할 위험을 무릅쓰지 않는다.

19. change

1.변화하다[시키다]; 변화 (variation, alteration)	A caterpillar changes into[to] a butterfly. 모충은 나비로 변한다.
2.옷을 갈아입다 (obliged)	We change clothes with the change of seasons. 계절이 바뀜에 따라 옷도 바뀐다.
3.환전하다; 잔돈(으로 바꾸다)	I'd like to change Korean money into dollars. 한국 돈을 달러로 바꾸고 싶습니다.
4.교환하다 (exchange)	They changed seats with each other. 그들은 서로 자리를 바꾸었다.
5.갈아타다 (transfer)	You must change trains for Paris at Istanbul. 이스탄불에서 파리행으로 기차를 갈아타야 된다.
6.기분전환 diversion, recreation	We went to the movies for a change. 우리는 기분전환으로 영화관에 갔다.

20. character

1.특성, 특질, 특색 　(attribute, feature, trait)	A character of desert is hot and dry climate. 사막의 한 가지 특성은 고온 건조한 기후이다.
2.성격, 성질, 기질 　(disposition, temperament)	Can you read one's character by his face? 사람의 얼굴을 보고 그의 성격을 알 수 있습니까?
3.인격 　(personality)	He is a man of great character. 그는 대단한 인격자이다.
4.등장인물, 역(役) 　(part, role)	Characters are listed on the front pages. 등장 인물들은 앞 페이지에 실려 있다.
5.문자, 부호, 기호 　(letter, mark, sign)	The Chinese characters look like pictures. 한자는 마치 그림처럼 보인다.

21. charge

1.짐을 싣다; 충전[장전](하다) 　(load)	He charged the gun with powder and shot. 그는 총포를 화약과 탄환으로 장전했다.
2.임무(를 지우다) 　(impose, entrust)	They charged him with the important task. 그들은 그에게 중대한 임무를 맡겼다.
3.요금(을 청구하다); 부담시키다	The hotel charged us $1000 for the room. 그 호텔에서는 객실 사용료로 1000달러를 청구하였다.
4.외상으로 하다	Charge these cigars to my account. 이 시가 값을 내 앞으로 달아 놓으시오.
5.비난(하다); 고발(하다) 　(blame; accuse)	He is charged with neglecting his duty. 그는 직무 태만으로 비난받았다.
6.돌격(하다) 　(attack, rush forward in)	We charged at the enemy. 우리는 적에게 돌격했다.

22. check

1.저지, 억제(하다) 　(hinder, restrain)	The firemen checked the spread of fire. 소방대원들이 불의 확산을 저지했다.
2.점검[대조](하다); 　체크표시(∨)(하다)	Please check these figures. 이 숫자들을 점검해 보시오.
3.수표; 회계 전표	Cash my traveler's check, please. 여행사 수표를 현금으로 바꾸어 주시오.
4.계산서	Check [Bill], please.(=Fetch[Get] me the bill.) 계산서를 가져오시오.
5.바둑판[체크] 무늬 　(의천)를 놓다(checker)	He is wearing a checked shirt. 그는 체크무늬 셔츠를 입고 있다.

23. claim

1.요구[청구](하다) (demand)	They claimed damages to the transport company. 그들은 운송회사에 손해 배상을 요구했다.
2.(권리를) 주장(하다) (assert)	He claimed to be the first inventor of the machine. 그는 최초로 그 기계를 발명했다고 주장했다.
3.(사고가 인명을) 앗아가다	The railroad accident claimed 20 lives. 그 철도사고가 20명의 인명을 앗아갔다.

24. company

1.동료 (companions)	A man is known by the company he keeps. 사람은 그가 사귀는 친구를 보면 안다.
2.일행, 집단, 무리 (group)	A company of tourists have arrived here. 한 무리의 관광객들이 여기에 도착했다.
3.교제; 동반; 함께 함 (association, companionship)	I really enjoyed your company in the party. 파티에서 너와 함께 한 시간이 정말 즐거웠다.
4.손님, 방문객 (guest)	We are expecting company this afternoon. 오늘 오후에 손님이 방문하기로 되어있다.
5.회사 (firm, corporation)	She works for our company. 그녀는 우리 회사에 근무한다.
6.중대 (part of a battalion)	My company had a big campaign at the valley. 우리 중대는 계곡에서 큰 전투를 했다.

25. concern

1.관계(하다) (relate to)	This concerns all of us. 이것은 우리 모두에게 관계가 있다.
2.관심(을 갖다) (interest)	I am not concerned with it. 나는 그것에 관심이 없다(=내 알바 아니다).
3.염려, 걱정(하다) (anxiety, worry)	The authorities concerned are concerned about it. 관계당국은 그것을 염려하고 있다.
4.관심사, 사건, 용무 (business, affair)	It is no concern of mine. 그건 내 알 바가 아니다.

26. content

1.[pl.] 내용물, 알맹이	Please check the contents of your bag yourself. 각자 자기 가방 안의 내용물을 확인하시기 바랍니다.
2.[pl.] (책의) 목차, 차례 (the table of contents)	Look over the contents before you read the text. 책의 본문을 읽기 전에 목차를 훑어 보라.
3.내용; 취지, 요지 (opp. form)	The book has poor content. 그 책은 내용이 빈약하다.
4.함유량, 함량	Cheese is high in fat content. 치즈는 지방 함량이 높다.
5.만족한 (satisfied)	Are you content with your major? 당신은 전공에 만족하세요?

27. contract

1.계약(서)(하다), 약정 (agreement, stipulation)	Please sign[draw up] the contract. 계약서에 서명하시오[작성하시오].
2.청부[도급] 계약을 하다	We contracted a work to the construction co. 우리는 그 건설회사에 공사를 도급주었다.
3.(감기·병에) 걸리다 (get sick)	He has contracted a bad cold. 그는 독감에 걸렸다.
4.수축하다, 줄어들다 (shrink)	Cold causes liquid to contract. 추위는 액체를 수축시킨다.

28. count

1.세다, 계산(하다); 셈, 계산 (reckon, compute)	Count to ten, and then open your eyes. 10까지 세고 나서 눈을 떠라.
2.셈에 넣다, 포함시키다 (include)	There were 5 passengers, counting children. 아이들을 포함해서 5명의 승객이 있었다.
3.~으로 여기다, 간주하다 (consider, regard)	The book counts as a masterpiece. 그 책은 걸작으로 간주된다.
4.중요하다 (matter, be important)	Every vote counts. 한 표라 할지라도 중요하다.
5.의지하다, 기대다 (depend on, rely on)	Don't count on others. 남에게 의지하지 말라.

29. cover

1.덮다; 뚜껑(을 덮다)	She covered the table with a tablecloth. 그녀는 식탁을 테이블보로 덮었다.
2.뒤덮다	The field is covered with flowers. 들판은 꽃으로 뒤덮여 있다.
3.(덮어) 가리다, 감추다	She always covers her mistakes. 그녀는 언제나 실수를 감춘다.
4.엄호하다, 감싸주다 (shield, protect)	The cave covered us from the storm. 그 동굴이 우리를 폭풍우에서 보호해주었다.
5.(범위가) ~에 이르다, 미치다 (extend over)	The battery covers the city. 그 포대는 그 도시를 사정권 내에 두고 있다.
6.(일정한 거리를)가다, 답파하다 (travel)	The car covers 100 miles an hour. 그 차는 한 시간에 100마일을 주행한다.
7.(비용·손실을)감당하다 감당[하기에 족하다]	$20 for each covers the cost of travel. 일인당 20달러씩이면 여행경비를 감당하기에 족하다.
8.뉴스 보도하다; 취재하다 (report; collect data)	The reporter covered the accident. 그 기자는 그 사고를 보도했다.

30. credit

1.신뢰, 신용; 믿다, 신용하다 (trust)	Who really gives credit to his ghost story? 누가 그의 유령 이야기를 진짜로 믿겠어?
2.외상, 신용판매	He bought the bike on credit. 그는 자전거를 신용카드로[외상으로] 샀다.
3.입금(하다), 대변(貸邊)에 기입하다 (opp. debit/차변)	Your account has been credited with $1,000. 당신 계좌에 천 달러가 입금되었습니다.
4.명예; 칭찬 (trust)	He is a credit to his family. 그는 가문의 명예이다.
5.학점(을 주다)	He's got 6 credits in science this semester. 그는 이번 학기에 과학에서 6학점을 땄다.
6.(공적 등을) ~에게 돌리다	The success of the project is credited to him. 그 프로젝트 성공의 공적은 그에게 있다.

31. deal

1.나누어 주다, 분배하다 (distribute)	We deal out food to the poor every year. 우리는 해마다 가난한 사람들에게 식량을 나누어 준다.
2.다루다, 처리하다; 대하다 (manage; treat)	They deal with the environmental pollution. 그들은 환경오염을 다룬다.
3.(상품을) 취급하다, 장사하다 (trade)	We deal in wool and cotton. 우리는 양털과 솜을 취급하다.
4.거래(하다) (bargain)	We've dealt with the stores for long. 우리는 그 상점들과 오랫동안 거래해 왔다.
5.양, 액(額) (amount)	She gave me a great deal of money. 그녀가 나에게 많은 돈을 주었다.

32. decline

1.수당, 급여액 (refuse, opp. accept)	He declined the offer with thanks. 그는 그 제의를 정중히 거절했다.
2.기울다; 기움; 쇠퇴 (tilt, slant; decadence)	He drove the gentle decline in the road. 그는 도로의 완만한 내리막을 운전해 지나갔다.
3.쇠퇴(하다), 하락(하다) (decay, wane)	The price of Korean beef faces a sharp decline. 한우 쇠고기 가격은 폭락에 직면해 있다.

33. degree

1.정도, 등급; 단계 (grade, rank)	Students differ in degree in learning. 학생들은 배우는데 있어서 정도의 차가 있다.
2.학위 (academic degree)	He took the doctor's[master's, bachelor's] degree. 그는 박사[석사, 학사] 학위를 받았다.
3.(온도·각도 등의) 도(度)	The themometer stands at 35 degrees. 온도계는 35도를 가리키고 있다.
4.[문법] 급	An adj. has the positive[comparative, superlative] degree. 형용사(adjective)에는 원[비교, 최상]급(級)이 있다.

34. deliver

1.배달하다	TIME is delivered by mail every week. TIME은 매주 우편으로 배달된다.
2.넘겨주다, 인도하다 (hand over)	France delivered the city up to an enemy. 프랑스는 그 도시를 적에게 내주었다.
3.연설하다, (의견을) 말하다 (address; make a speech)	I delivered an opening address at the meeting. 나는 모임에서 개회 연설을 했다.
4.구해 내다; 해방시키다 (relieve; set free; liberate)	Deliver us from[out of] evil. 우리를 악에서 구하소서.[기독교 기도문]
5.[수동형] 분만[해산]하다 (give birth to)	She was delivered of a boy. 그녀는 사내아이를 분만했다.

35. domestic

1.집의, 가정의; 가정적인 (home)	Domestic violence has been a serious issue. 가정폭력은 심각한 문제이어 왔다.
2.길들인 (tame, opp. wild)	The domestic horses came form the plains. 길들인 말들은 초원에서 태어난 것들이다.
3.국내의; 국산의, 자가제의 (homemade ↔ foreign)	The domestic market is still depressed. 국내 시장이 여전히 침체되어 있다.
4.하인, 하녀 (servant, maidservant)	She works as a domestic for a rich family. 그 여자는 부유한 집에서 하녀로 일한다.
5.[pl.] 국내제품, 가내제품 (home-maid articles)	Forein goods drive domestics out of the market. 시장에서 수입상품이 국내제품들 몰아낸다.

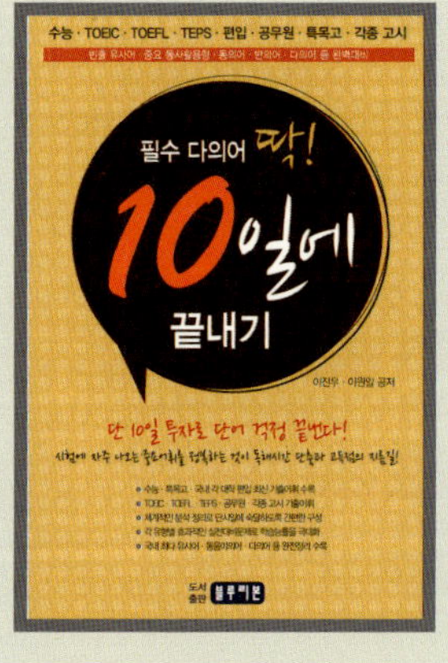

각종 영어시험에서 빠지지 않고 출제되는 다의어!

이 책에서는 지면 관계상 꼭 필요한 다의어들만을
간추려 실었습니다.
충분한 양의 필수 중요 다의어는 이 책의 제2권인
《필수 다의어 딱10일에 끝내기(450개의 다의어 수록)》
에 수록되어 있습니다.

1.운전하다; 자동차 주행	I drive to work; it's a three-hour drive. 나는 운전해서 출근한다 차로 세 시간 걸린다.
2.차로 운반하다, 태워다 주다 　(ride)	Could you drive me home? 저를 집까지 태워다 주실래요?
3.몰다, 몰아내다, 쫓아내다	Cowboys drove cattle to the pasture. 목동들이 소들을 목장으로 몰았다.
4.～하게 만들다, 　～하도록 몰고 가다(compel)	Hunger drove him to steal. 배고픔이 그를 도둑질을 하도록 몰아갔다.
5.(기계를) 작동[추진]시키다 　(operate, propel)	Water drives the mill, a water-driven mill. 물이 물레방아, 즉 물로 추진되는 방아를 움직인다.
6.(못·말뚝을) 박다, 박아 넣다	He drove a nail into the wall. 그가 벽에 못을 박았다.
7.(공을) 세게 치다; 강타(하다) 　～하도록 몰고 가다(compel)	He drove the ball into the bleachers. 그가 공을 강타하여 외야 관람석으로 날려보냈다.
8.～을 의도하다, ～을 꾀하다 　(intend)	What is he driving at? 그가 꾀하는[의도하는] 것은 무엇인가?
9.(차량의) 구동장치	The four-wheel drive car has a lifted drive shaft. 그 4륜구동 자동차는 상향된 구동축을 가지고 있다.
10.박력, 추진력, 정력 　(energy, desire)	He is a man of great drive. 그는 대단한 추진력을 가진 사람이다.
11.충동, 본능적 욕구 　(desire, urge, impulse)	Freud's theory is based on a sex drive. 프로이드의 이론은 성적충동에 기초하고 있다.
12.(조직적인) 운동 　(campaign, movement)	They started a fund-raising drive. 그들은 (기금 모금) 운동을 시작했다.

[1–5] 다음 각 문장의 밑줄 친 다의어의 의미로 알맞은 것을 고르시오.

1. A customer <u>addressed</u> me in English.
   - ① 주소(를 기입하다)
   - ② ~에게 말을 걸다
   - ③ 연설(하다)
   - ④ 호칭을 부르다
   - ⑤ 건의하다

2. The baggage <u>allowance</u> of mail is 20 kilos.
   - ① 수당, 급여액
   - ② 용돈
   - ③ 허용, 허락
   - ④ 참작, 감안
   - ⑤ 허용량

3. The new technology was <u>applied</u> to farming.
   - ① 신청[지원]하다
   - ② 쓰다, 응용하다
   - ③ (크림 등을) 바르다
   - ④ 적용되다
   - ⑤ 전념[몰두]하다

4. We do really <u>appreciate</u> your contribution to our company.
   - ① 진가를 인정하다
   - ② 인식하다
   - ③ 감상하다
   - ④ 감사하다
   - ⑤ 값을 올리다

5. The company deals in various <u>articles</u> of solar cell materials.
   - ① 신문 기사
   - ② 법률 조항
   - ③ 물품
   - ④ (문법) 관사

정답

1.②   2.⑤   3.④   4.④   5.③

해석

1. 한 고객이 나에게 영어로 **말을 걸었다**.
2. 우편물 수하물 **허용량**은 20킬로이다.
3. 그 신기술은 농사에 **응용되었다**.
4. 우리는 당신이 우리 회사에 세운 공로에 진정으로 **감사한다**.
5. 그 회사는 태양전지재료의 다양한 **물품**을 취급한다.

6. The newspapers gave full <u>accounts</u> for the event.
   ① bill　　　　② entries　　　　③ explanation
   ④ consideration　　⑤ reason; basi

7. The sailboat looks elegant <u>against</u> the blue sea.
   ① in a direction opposite to　　② in opposition to
   ③ in preparation for　　④ in contact with
   ⑤ against the background of

8. Birds of <u>a</u> feather flock together.
   ① one　　　　② the same　　　　③ any
   ④ per; each　　⑤ a certain

9. His hands <u>bear</u> the aroma of rose and lavender.
   ① carry　　　　② uphold, support　　　　③ endure; tolerate
   ④ bring forth, give birth to　　　　⑤ produce; yield

10. He never <u>break</u> his word.
   ① get out of order　　② change　　③ betray
   ④ prison break　　⑤ tame

정답

6.③　　　7.⑤　　　8.②　　　9.①　　　10.③

해석

6. 신문들이 그 사건에 대해 충분한 **설명**을 했다.
7. 그 범선은 푸른 바다를 **배경으로 하여** 우아하게 보인다.
8. **같은** 깃털의 새는 끼리끼리 모인다.
9. 그의 손에는 장미와 라벤더 향을 **지니고 있다**[이 남아있다].
10. 그는 결코 자신의 약속을 어기지 않는다 / **어기다**.

WARMING-UP 2

1. Write the title of the book in <u>capitals</u>.
   ① 수도; 주요한 　　② 대문자 　　③ 자본
   ④ 최고급의, 훌륭한 　　⑤ (죄가) 사형감인

2. Let's split the <u>bill</u>.
   ① 계산(서), 청구서 　　② 지폐 　　③ 법안, 의안
   ④ 벽보, 삐라 　　⑤ 부리

3. Look over the <u>contents</u> before you read the text.
   ① 내용물, 알맹이 　　② 목차, 차례 　　③ 내용; 취지, 요지
   ④ 함유량, 함량 　　⑤ 만족한

4. The car <u>covers</u> 100 miles an hour.
   ① 뒤덮다 　　② (범위가) ～에 이르다 　　③ 주파[답파]하다
   ④ (비용을) 감당하다 　　⑤ 뉴스 보도하다

5. She was <u>delivered</u> of a boy.
   ① 배달하다 　　② 넘겨주다 　　③ 연설(하다)
   ④ 해방시키다 　　⑤ 분만[해산]하다

정답

1.② 　　2.① 　　3.② 　　4.③ 　　5.⑤

해석

1. 표제를 **대문자**로 써라.
2. 각자 부담[**계산**]으로 하자.
3. 책의 본문을 읽기 전에 **목차**를 훑어 보라.
4. 그 차는 한 시간에 100마일을 **주행한다**.
5. 그녀는 사내아이를 **분만했다**.

6. A customer <u>addressed</u> me in English.
   ① sure   ② convincing   ③ definite, fixed
   ④ unspecified   ⑤ some

7. A customer <u>addressed</u> me in English.
   ① accident   ② opportunity   ③ prospects   ④ risk

8. <u>Characters</u> are listed on the front pages.
   ① attribute, feature   ② disposition   ③ personality
   ④ part, role   ⑤ letter, mark

9. We are expecting <u>company</u> this afternoon.
   ① companions   ② guest   ③ association
   ④ group   ⑤ firm, corporation

10. The book <u>counts</u> as a masterpiece.
   ① reckon, compute   ② include   ③ consider, regard
   ④ matter   ⑤ rely on

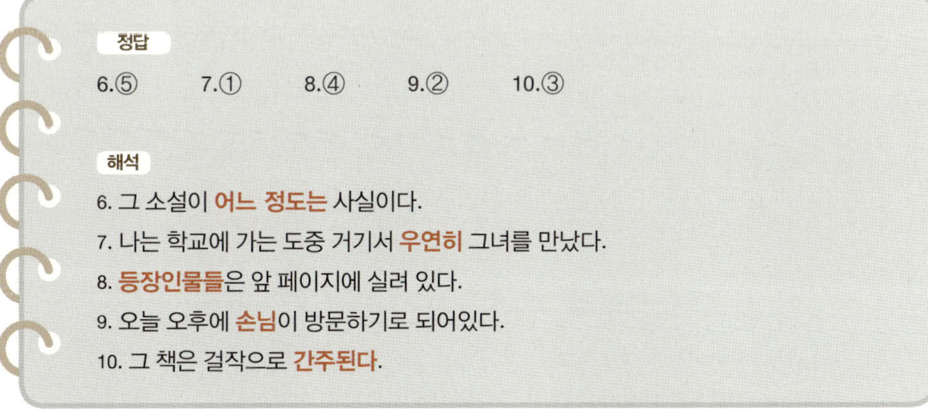

정답

6.⑤   7.①   8.④   9.②   10.③

해석

6. 그 소설이 **어느 정도는** 사실이다.
7. 나는 학교에 가는 도중 거기서 **우연히** 그녀를 만났다.
8. **등장인물들**은 앞 페이지에 실려 있다.
9. 오늘 오후에 **손님**이 방문하기로 되어있다.
10. 그 책은 걸작으로 **간주된다**.

1 아래에 주어진 사전 뜻풀이 가운데, 다음 문장에 사용된 밑줄 친 <u>bear</u>의 의미와 일치하는 것은?

Henri Dunant couldn't <u>bear</u> to see the miserable sight of the bloody battlefields at Solferino, which led him to the establishment of the Red Cross.

bear\bɛɚ\v. **1.to carry from one place to another**: He took the baggage and bore it off to the post office. **2.to have or equipped with**: The book bears the author's autograph. **3.endure; tolerate; stand**: I can't bear the smell of tobacco smoke. 4.to support: Will the ice on the lake bear your weight? **5.to give birth to**: She has borne him three children. **6.to produce; yield**: The apple tree bears a lot of fruits every year.

① 2   ② 3   ③ 4   ④ 5   ⑤ 6

1
establishment 설립   autograph (유명인의) 사인
equip 장비를 갖추다   toil 힘드는 일, 수고(하다)
tolerate 참다; 관대히 하다 yield 산출하다

[2~3] 다음은 어떤 단어에 대한 사전의 뜻풀이이다. 빈칸에 공통으로 들어갈 가장 적절한 단어를 고르시오.

2

1. money and technology to produce more wealth or for starting a business: He started his business with a _______ of $10,000.

2. a town or city where the center of government is: Albany is the _______ of the State of New York.

3. (of letters of the alphabet) not small: Write the initial letter of your name in a _______ letter.

① bill   ② capital   ③ exchange   ④ foundation   ⑤ fund

3

1. the qualities which make a person, a thing or a place peculiar: A _______ of desert is hot and dry climate.

2. a person in a book: An outlaw is the main _______ of the movie.

3. a letter used in writing: A Chinese _______ looks like a picture.

① nature   ② figure   ③ character   ④ personality   ⑤ mind

1 아래에 주어진 사전 뜻풀이 가운데, 다음 문장에 사용된 밑줄 친 <u>count</u>의 의미와 일치하는 것은?

> Of many great ballerinas Anna Pavlova has been <u>counted</u> the greatest of the century.
>
> **count** \ 'kaunt \ vb. **1.to indicate or name the numbers in order**: Count to ten, and then open your eyes. **2.to add; total**: His savings count up to a sizable amount **3.to include**: There were 5 passengers in the cab, counting children. **4.to consider; regard**: I count it an honor to serve you. **5.to have value, importance**: Every minute counts.

①1 　　②2 　　③3 　　④4 　　⑤5

1　total 합계(의); 합계를 내다　　savings 저금, 저축
　　sizable 꽤 큰; 알맞은 크기의　　cab 택시(taxicab)

2

1.the act or result of alteration: If we are to defeat, we need a ________ of the incompetent leadership.

2.something different done for variety, excitement, etc.: Let's go to a nice restaurant for a ________.

3.money in low value: How much do you have in ________?

① turn   ② fare   ③ change   ④ fantasy   ⑤ fund

3

1.one or more guests: Set the table; we are expecting ________.

2.being together with another or others: I really enjoyed your ________ at the party.

3.companions; the persons with whom one spends his time: A man is known by the ________ he keeps.

① company   ② customer   ③ entertainment   ④ society   ⑤ present

4

아래에 주어진 사전 뜻풀이 가운데, 다음 문장에 사용된 밑줄 친 <u>deliver</u>의 의미와 일치하는 것은?

Most artists experience the time of imitation of the works of others before he is <u>delivered</u> of a work of his own creation.

deliver\dilivər\v. **1.to hand over; give**: The application form is delivered free for the asking. **2.(in business) to take things to houses or places**: The magazine is delivered by mail every week. **3.to address; say aloud**: He delivered an opening address at the meeting. **4.to set free; liberate**: Lead us not into temptation but deliver us from evil. **5.to help in the birth of**: The doctor delivered her of her baby(=she was delivered of her baby).

① 1   ② 2   ③ 3   ④ 4   ⑤ 5

---

4   hand over 건네주다   application form 응시원서
for the asking 요구하기만 하면(=if only you ask for it)
address 연설하다   temptation 유혹

5

1. to ask for payment: The hotel will _______ the tourists $100 for a room for a day.

2. to impose a duty or responsibility: The committee decided to _______ him to manage the factory.

3. to load a gun or a battery: It didn't take long to _________ the electric car battery.

① cost　　② charge　　③ order　　④ fulfill　　⑤ require

6

1. to place something over, to protect or conceal: The Eskimos _______ their body with fur coats.

2. to report the details of an event or situation: One of our best reporters could _______ the event.

3. to travel a distance: The vehicle can _______ 100km an hour.

① run　　② wear　　③ cover　　④ protect　　⑤ move

다의어(polysemy)의 뜻 파악하기 II

✔ 시험에 꼭 나오는 중요 다의어

한 단어에 여러 가지 의미가 있는 단어들을 다의어라 한다. 다의어는 특히 해석상 혼동을 주기
쉬우므로 철저히 공부해 두어야 한다. 시험에서는 빠지지 않고 출제된다.

1 다의어의 의미 파악하기 II (I은 p144에, III는 p196에 계속)

☐ 37 due	☐ 49 hand	☐ 61 meet
☐ 38 equal	☐ 50 hold	☐ 62 mind
☐ 39 even	☐ 51 interest	☐ 63 mine
☐ 40 fair	☐ 52 issue	☐ 64 miss
☐ 41 feature	☐ 53 last	☐ 65 move
☐ 42 figure	☐ 54 leave	☐ 66 nature
☐ 43 fine	☐ 55 lie	☐ 67 object
☐ 44 fit	☐ 56 major	☐ 68 observe
☐ 45 fix	☐ 57 match	☐ 69 odd
☐ 46 foundation	☐ 58 matter	☐ 70 once
☐ 47 free	☐ 59 mean	☐ 71 open
☐ 48 good	☐ 60 measure	☐ 72 operation

37. due

1.지불 기일이 된, 기한이 된 (reached the date of payment)	Your library book is due tomorrow. 네가 도서관에서 대여한 책은 내일이 반납일이다.
2.응당 받아야 할; 당연한 (natural)	He got the due reward of his efforts. 그는 그의 노력에 대한 당연한 보답을 받았다.
3.~에 기인하는 (attributable; ascribable)	His success was due to his efforts. 그의 성공은 그의 노력 덕택이었다.
4.도착할 예정인 (expected to arrive)	The train is due here at 3 p.m. 열차는 오후 3시에 여기에 도착할 예정이다.
5.~하기로 되어 있는 (scheduled; supposed)	The president is due to speak tonight. 회장이 오늘 밤 연설을 하기로 되어있다.

예제

아래에 주어진 사전 뜻풀이 가운데, 다음 문장에 사용된 밑줄 친 <u>due</u>의 의미와 일치하는 것은?

> More success of men than women appears to be <u>due</u> not to differences in motivation, but to differences in opportunities which tend to favor men over women.
>
> due\'dyü\adj. **1.having reached the date at which payment is required; payable**: The bill is due on the first of next month. **2.owed or owing as a natural right**: The right to vote is due the protection of the Constitution. **3.capable of being attributed; ascribable**: This advance is due to the scientists. **4.scheduled; supposed**: He is due to address at the conference tonight. **5.caused**: The delay of the game is due to the bad weather.

① 1   ② 2   ③ 3   ④ 4   ⑤ 5

Notes motivation 동기(부여)   favor ～에게 유리하다   vote 투표(하다)
constitution 헌법   attribute ～탓으로 돌리다   ascribable ～탓인
conference 회의

해석 남자들이 여자들보다 더 많이 성공하는 것은 동기부여의 차이 때문이 아니라 여자보다 남자에게 유리한 기회의 치이에 **기인한다.**
1.지불 기일이 된: 그 어음은 다음 달 첫 날이 만기이다.
2.마땅한; 당연한: 투표권은 마땅히 헌법의 보호를 받는다.
3.～의 덕택인: 이러한 진보는 과학자들의 덕택이다.
4.～하기로 되어 있는: 그가 오늘 밤 회의에서 연설을 하기로 되어있다.
5.～에 기인하는: 그 경기가 연기된 것은 악천후 때문이다.

정답 ⑤

37. due

1.지불 기일이 된, 기한이 된 (reached the date of payment)	Your library book is due tomorrow. 네가 도서관에서 대여한 책은 내일이 반납일이다.
2.응당 받아야 할; 당연한 (natural)	He got the due reward of his efforts. 그는 그의 노력에 대한 당연한 보답을 받았다.
3.~에 기인하는 (attributable; ascribable)	His success was due to his efforts. 그의 성공은 그의 노력 덕택이었다.
4.도착할 예정인 (expected to arrive)	The train is due here at 3 p.m. 열차는 오후 3시에 여기에 도착할 예정이다.
5.~하기로 되어 있는 (scheduled; supposed)	The president is due to speak tonight. 회장이 오늘 밤 연설을 하기로 되어있다.
6.[pl.] 부과금, 수수료, 사용료 (fee, charge)	Our club dues are charged annually. 우리 클럽 회비는 일년에 한번 청구된다.
7.[방위 앞에 붙여서] 정(正) ~ (exactly)	The fishing boat went due East. 그 어선은 정확히 동쪽으로 향해 갔다.

38. equal

1.같은; ~와 같다 (same, equivalent)	An inch equals 2.54 centimeters. 1인치는 2.54센티미터이다.
2.동등한, 평등한(것) (level, even)	All men are born equal. 모든 사람은 평등하게 태어났다.
3.맞먹는, 필적하는 (사람) (rival, match)	He has no equal in cooking. 요리에 있어서는 그와 필적할 사람이 없다.
4.감당하는 (capable)	Onl.y he is equal to the task. 오로지 그만이 그 일을 감당할 수 있다.

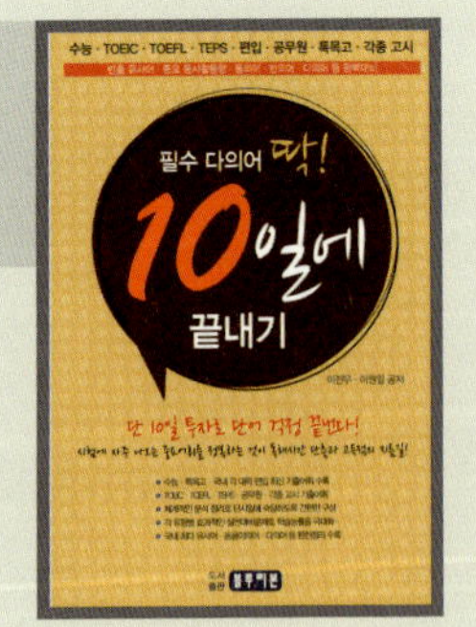

각종 영어시험에서 빠지지 않고 출제되는 다의어!
그러나 일일이 찾아보기에는 시간만 많이 걸리고
지치게 하는 다의어

마침내 최고의 다의어 결정판 출간!

- ✓ 필수 중요 다의어의 국내 최고 · 최다 완전 정리 수록
- ✓ 다의어의 뜻 · 예문 · 해석이 한 눈에 쏙 들어오도록 편집
- ✓ 체계적인 분석 · 정리로 단시일에 익히도록 간편하게 구성

39. even

1.~조차도 (not so much as)	Even the youngest can answer it. 어린아이조차도 그것에 답할 수 있다.
2.[비교급 강조] 한층 더, 더욱 더 (much, still, far, by far)	This book is even better than that. 이 책이 저 책보다 훨씬 더 좋다.
3.평평한, 고른; 평평하게 하다 (flat, level, smooth)	The spacecraft landed on an even land. 우주선이 평평한 땅에 착륙했다.
4.(수량이) 같은, 동일한 (equal)	His dull speech made them fall asleep. 그의 지루한 연설은 그들을 잠들게 했다.
5.균등한, 대등한	I 'll give each of you an even chance. 여러분 각자에게 균등한 기회를 주겠다.
6.짝수의 (opp. odd)	This lift only stops on even number floors. 이 엘리베이터는 짝수층에서만 선다.
7.(금액 등이) 우수리 없는	He has an even hundred dollars. 그는 딱 100달러를 가지고 있다.

40. fair

1.공평한, 공정한, 온당한 (just; impartial; unbiased)	There must be fair play in this competition. 본 경기는 공정한 시합이 되어야 한다.
2.꽤 많은, 상당한, 보통의 (quite, rather)	He has a fair knowledge of it. 그는 그것에 대해 꽤 많은 지식을 가지고 있다.
3.맑게 갠 (fine, opp. foul)	Fair skies are expected tomorrow. 내일은 맑은 날씨가 예상된다.
4.순조로운, 유망한 (promising; likely)	Our plan bids fair to succeed. 우리 계획은 성공할 것 같다.
5.필적이 선명한, 읽기 쉬운 (clear and legible)	Please hand in a fair copy of the assignment. 과제물을 정서하여 제출하시기 바랍니다.
6.흰 살결에 파란눈의 금발 (blonde, opp. brunette)	The girls are jealous of her fair hair. 소녀들이 그녀의 금발을 부러워한다.
7.아름다운 (beautiful, attractive)	I have seen the musical, My Fair Lady. 나는 '나의 아름다운 아가씨'라는 뮤지컬을 본 적이 있다.
8.박람회, 품평회, 풍물장터 (market)	Scarborough Fair is held every Wednesday. 스카버러 장은 매주 수요일마다 열린다.

41. feature

1.계산서, 청구서	Let's split the bill. 각자 부담[계산]으로 하자.
2.지폐 (note)	He has a 100-dollar bill. 그는 100달러짜리 지폐를 가지고 있다.
3.법안, 의안	The bill is passed in the Congress. 그 법안이 의회에서 통과되었다.
4.광고전단, 벽보, 포스터, 삐라	Post No Bills. 이곳에 벽보를 붙이지 마시오.〈게시용어〉
5.부리 (beak)	Birds have bills. 새는 부리가 있다.

42. figure

1.숫자; 자릿수 (number, numeral; digit)	Statistics expresses the productivity in figures. 통계학은 생산성을 수치로 나타낸다.
2.[pl.] 계산(하다) (calculation)	He is good at figures. 그는 계산에 능숙하다.
3.꼴, 모습, 형상, 몸매 (shape)	She showed off her glamorous figure. 그녀는 볼륨감 있는 몸매를 과시했다.
4.도형, 도표(로 나타내다) (diagram; graphic)	The math teacher drew geometrical figures. 수학선생님이 기학학적 도형들을 그렸다.
5.무늬; 도안 (pattern; design)	She is wearing a skirt of a flower figure. 그녀는 꽃무늬가 있는 치마를 입고 있다.
6.중요 인물, 명사 (personage, celebrity)	He is one of the greatest figures of this age. 그는 이 시대의 위대한 인물들 중의 하나이다.

43. fine

1.훌륭한, 좋은, 맑은 (fair, good, nice, clear)	I t is a fine day. 날씨가 좋다.
2.(세공 등이) 정교한, 공들인 (elaborate, exquisite, delicate)	The watch is notable for its fine devices. 그 시계는 정교한 장치들로 유명하다.
3.미세한, 고운 (minute, tiny)	The beach is famous for fine sand. 그 해변은 고운 모래로 유명하다.
4.고급의, 정제한, 순도 높은 (refined; solid, pure)	They trade fine gold and fine sugar. 그들은 순금과 정제당을 무역한다.
5.벌금(을 부과하다) (penalty)	He was fined 10 dollars for speeding. 그에게는 과속으로 10달러의 벌금이 부과되었다.

44. fit

1.적당한, 꼭 맞는; 꼭 맞(게 하)다 (suitable, befitting)	Your new dress fits well. 너의 새 드레스는 아주 잘 맞는다.
2.감당해 낼 수 있는, 적임의 (suitable; equal, capable)	He is fit to do the job. 그가 그 일에 적임이다.
3.건강한, 컨디션이 좋은 (well, wholesome)	He feels fit after a week's holiday. 그는 일주일간의 휴가 후 컨디션이 매우 좋다.
4.시험준비를 하다 (prepare)	This school fits students for college. 이 학교는 학생들에게 대입준비교육을 하고 있다.
5.(병의) 발작; 경련 (spasm)	A fanatic has a fit of brain at times. 광신도에게는 때때로 뇌에 발작이 일어난다.

45. fix

1.고정시키다, 붙이다 (attach, stick)	He fixed a mirror to the wall. 그가 벽에 거울을 달았다.
2.(날짜·장소를) 정하다, 결정하다 (decide)	They fixed on the date for journey. 그들은 여행날짜를 정했다.
3.(생각·제도를) 확고하게 하다	Fix these words in your mind. 이 말을 꼭 마음에 새겨 두라.
4.(시선·주의를) ~에 집중시키다 (concentrate)	He fixed all his my mind on the work. 그는 그의 모든 생각을 그 일에 기울였다.
5.수리하다, 고치다 (repair, mend)	Let me fix that computer for you. 제가 그 컴퓨터를 고쳐 드릴게요.
6.(식사 등을) 준비하다, 조리하다 (prepare[set] the table)	Let me fix us some lunch? 내가 점심을 차릴게.
7.곤경 (predicament)	He is in a fix. 그는 곤경에 빠졌다. 진퇴양난이다.

46. foundation

1.창설, 창립, 창건, 설립 (establishment, institution)	It's the National Foundation Day today. 오늘은 국가창설일{개천절}이다.
2.기초, 토대 (basis)	He laid the foundation of the company. 그가 회사의 기초를 쌓았다.
3.재단, 사회사업단체	The foundation supports African children. 그 재단은 아프리카 아이들을 지원한다.
4.근거 (basis, base, ground)	The rumor has no foundation. 그 소문은 근거가 없다.
5.기초화장품; 여자몸매보정용 기초속옷	She uses the cream as a foundation. 그녀는 크림을 기초화장품으로 사용한다.

47. free

1.자유로운; 해방시키다 (liberal; set free, liberate)	You are free to go or stay as you please. 가든 머무르든 좋을 대로 하라.
2.~이 없는; 제거하다, 치우다 (remove, get rid of)	He freed the road of snow; it's free from snow. 그가 도로에서 눈을 치웠다; 도로에는 눈이 없다.
3.무료인, 무료로 (free of charge, for nothing)	I have free tickets for the concert. 나는 그 연주회 무료입장권이 있다.
4.개방된 (open)	All citizens are free to use the library. 모든 시민은 누구나 그 도서관을 사용할 수 있다.
5.아끼지 않는, 손이 큰 (lavish, generous, liberal)	He is free with his money. 그는 돈을 잘 쓴다.
6.한가한; 선약이 없는 (at leisure)	Are you free (or engaged) this evening? 오늘 저녁에 시간이 나나요, (아니면 선약이 있나요)?
7.비어 있는 (unoccupied)	Have any rooms free? 빈 방이 있습니까?

48. good

1.좋은, 훌륭한, 유익한 (beneficial)	Good books are good for children. 좋은 책은 아이들에게 유용하다.
2.착한, 선량한 (virtuous, well-behaved)	Be a good boy when the guests visit us. 손님들이 집에 오시거든 얌전하게 굴어라.
3.친절한,인정 있는 (kind, benevolent)	He was kind enough to help me. 그는 친절하게도 나를 도와 주었다.
4.유능한, 능숙한 (competent; skillful)	He is good at teaching English. 그는 영어를 잘 가르친다.
5.유효한,효력이 있는 (effective)	This ticket holds good for a month. 이 티킷은 1 개월간 유효하다.
6.충분한, 꽤, 상당히 (considerable; ample)	A good many people 상당히 많은 사람들
7.선, 미덕 (virtue)	Where there is good, there is evil. 선과 악은 공존하게 마련.
8.이익, 소용 (use)	It is no good talking. 아무리 말해도 소용없다.
9.[pl.] 상품, 물건	The shop sells a large variety of goods. 그 상점에서는 다양한 상품을 판다.

49. hand

1.손	We walked hand in hand. 우리는 손을 잡고 걸었다.
2.손 모양의 것; 시계 바늘	A minute hand is longer than an hour hand. 분침이 시침보다 길다.
3.일손, 품꾼, 인부, 고용인 (worker, laborer)	Our factory needs 50 hands now. 우리 공장은 지금 50명의 직공이 필요하다.
4.[a hand] 도움, 조력 (assistance)	Give me a hand with this suitcase, will you? 이 가방 좀 드는 것 좀 도와주겠니?
5.[a hand] 필적, 필치; 서체 (handwriting, penmanship)	She writes a good[poor] hand. 그녀는 글씨를 잘 쓴다[악필이다].
6.[a big hand] 박수 갈채 (applause, plaudits, ovation)	Let's give him a big hand. 그에게 큰 박수를 보냅시다.
7.소유, 지배, 감독; 손아귀 (possession)	The company is in good hands of him. 회사가 그의 유능한 지배하에 있다.
8.능력, 수완, 솜씨 (skill)	He showed a master's hand for success. 그가 성공으로 이끄는 거장의 수완을 발휘하였다.
9.건네주다, 인도하다; 주다 (pass, deliver; give)	She handed me a glass over the table. 그녀가 테이블 위로 내게 잔을 건네주었다.

50. hold

1.잡다, 쥐다, 붙잡다 (catch, get, grab, grasp, take)	She held me by the hand. 그녀가 내 손을 잡았다.
2.유지하다, 지탱하다 (retain, support)	Hold the door open. 그 도시의 인구가 급격하게 늘고있다.
3.담다, 수용하다 (contain, seat, accomodate)	This room can hold fifty people. 이 방에는 50명 들어갈 수 있다.
4.보유하다; (지위를) 차지하다 (own, possess; occupy)	He holds the position of chairman. 그는 회장직에 있다.
5.~라고 생각하다 (think, consider)	I hold that he is frank.I hold that he is frank. 나는 그가 솔직하다고 생각한다.
6.억누르다, 억제하다, 삼가다 (control, restrain, suppress)	Please hold your breath for a moment. 잠깐 숨을 쉬지 마세요.
7.열다, 개최하다 (open, convene)	The meeting is held every week. 그 모임은 매주 열린다.
8.효력이 있다, 적용할 수 있다 (be effective, be valid)	The promise still holds (true[good]). 그 약속은 아직도 효력이 있다.

51. interest

1.흥미, 관심(을 갖게하다)	These books interest children in science. 이 책들은 아이들에게 과학에 흥미를 갖게 한다.
2.이해관계	The two nations have an interest in the island. 그 두 나라는 그 섬에 대해 이해관계가 있다.
3.이익, 득 　(profit)	It's (to) your interest to go there. 그곳에 가는 것이 너에게 이롭다[득이 된다].
4.이자	The fund lends capital without[free of] interest. 그 기금에서는 무이자로 자본을 빌려준다.

52. issue

1.발행물; ~판[쇄], ~호 　(circulation; edition)	This is the March issue of a magazine. 이것은 잡지 3월호이다.
2.발행(하다) 　(publish; publication)	We issue a book with a circulation of 100,000. 우리는 발행부수 10만부의 책을 발행한다.
3.유출(물)(하다); 유출점 　(outflow, effluence)	Oil is issuing from the wrecked ship. 난파선에서 기름이 유출되고 있다.
4.결과, 결말 　(conclusion, end)	Let's bring the matter to an issue. 문제의 결말을 짓자[끝내자].
5.논쟁(점), 문제(점) 　(a point of dispute)	They made an issue of trade. 그들은 무역을 문제화했다.

53. last

1.마지막의, 최후의 (것[사람])	He was the last to arrive. 그가 가장 마지막으로 도착했다.
2.지난 ~	I saw him last Monday[on Monday last]. 나는 지난 월요일에 그를 만났다.
3.결코 ~할 것 같지 않은	He is the last man to tell a lie. 그는 결코 거짓말 할 사람이 아니다.
4.계속하다, 지속하다	The lecture lasted (for) two hours. 강연은 두 시간 계속되었다.
5.오래가다, 질기다 　(stand long use; wear long)	That bag will last for a long time. 그 가방은 오래갈 것이다.

54. leave

1.떠나다, 출발하다 (depart)	I left (London) for New York. 나는 뉴욕을 향해 (런던을) 떠났다.
2.그만두다, 탈퇴하다 (give up, withdraw)	The poor boy had to leave school. 그 가난한 소년은 학교를 그만두어야 했다.
3.남기다, 두고 가다[오다]	Leave a number where he can reach you. 그가 연락할 수 있는 전화번호를 남겨주세요.
4.~한 상태로 놓아두다 (keep, remain)	Leave the door open. 문을 열어 두어라.
5.맡기다, 위임하다 (commit, entrust)	Leave it to me. 그것은 내게 맡겨라.
6.그만두다, 그치다 (cease)	He left drinking for nearly two years. 그는 술을 끊은 지 거의 2년이 된다.
7.허락, 허가 (permission)	Don't leave here without leave. 허가없이[무단으로] 이곳을 떠나지 마시오.
8.휴가 (holiday, vacation)	We have two leaves (of absence) in a year. 우리는 일년에 두 번의 휴가를 얻는다.

55. lie

1.거짓말(하다) (lie, fib, falsehood)	You're lying to me. Don't tell a lie. 너는 나에게 거짓말을 하고 있어. 거짓말하지 말아라.
2.눕다, 누워있다	The dog was lying on the ground. 개는 땅에 누워 있었다.
3.~상태로 있다[놓여있다] (remain)	The treasure chest was lying hidden. 그 보물상자는 숨겨진 채로 있었다.
4.위치하다, 놓여 있다 (be situated, be located)	China lies to the east of India. 중국은 인도의 동쪽에 있다.

56. major

1.대부분의; 다수의, 과반수의 (most, opp. minor)	The major opinion is not always right. 다수의 의견이 항상 옳은 것은 아니다.
2.성년, 성인(인) (adult, grown-up)	He has come of age; he is a major. 그는 성년이 되었다; 그는 성인이다.
3.주요한 (chief, principal, staple)	Toursim is a major industry of the nation. 관광업이 그 나라의 주요 산업이다.
4.(음악) 장조(의)	It's a song in C major. 그것은 C장조의 노래이다.
5.전공(과목)(하다) (specialize)	I majored in science. What's your major? 나는 과학을 전공했다. 너의 전공은 무엇이니?
6.소령	The major was promoted to colonel. 그 소령은 대령으로 진급되었다.

57. match

1.성냥 (lights)	He bought a box of matches[lights]. 그가 성냥 한 갑을 샀다.
2.(어울리는) 짝; 호적수, 경쟁 상대 (rival, competitor, opponent)	He is a good match for me. 그는 내게 좋은 적수다.
3.~에 필적하다 (be a match for, equal)	No one matches him in English. 영어에 있어서는 그에 필적할 자가 없다.
4.~와 어울리다 (agree, go well with)	This hat matches your dress. 이 모자는 당신의 옷에 잘 어울린다.
5.시합, 경기; 경쟁시키다 (game; compete)	We paired up at the match. 우리는 그 시합에서 두 사람씩 조가 되었다.
6.결혼; 배우자 (spouse)	She has made a good match. 그 여자는 좋은 배우자를 만났다.

58. matter

1.물질 (substance opp. spirit)	Matter is classified as solid, liquid and gas. 물질은 고체, 액체, 기체로 분류된다.
2.문제; 일, 사건 (subject)	What's the matter with you? 무슨 일이냐?
3.문제가 되다, 중요하다 (be important, count)	I t doesn't matter if we are late. 늦어도 상관없다.

1.의미하다, 뜻하다 (signify, imply)	What do you mean by that? 그게 무슨 뜻이냐?
2.의도하다, ∼할 작정이다 (intend)	I didn't mean to offend you. 너를 화나게 할 의도는 아니었어.
3.중간의; 중용(의); 평균의 (moderate; average)	The annual mean temperature is high there. 그곳의 연평균 기온은 높다.
4.하찮은; 초라한 (humble; shabby)	He is a mean scholar. 그는 하잘 것 없는 학자이다.
5.비열한, 상스러운 (base, cowardly)	He is a man of mean behavior. 그는 행동이 비열하고 품위없는 사람이다.
6.[pl.] 수단 (way, step)	Money can be a means to an end. 돈은 목적을 이루게 하는 수단이다.
7.[pl.] 재산, 수입 (wealth; income)	He's a man of means; he lives within his means. 그는 재산가인데, 수입 이내의 생활을 한다.

60. measure

1.치수(를 재다), 측정[계량](하다)	I was measured for a new suit. 새옷을 맞추려고 치수를 쟀다.
2.∼의 치수[계량]가 ∼이다 (quite, rather)	This room measures 20 feet by 60 feet. 이 방은 가로 20ft, 세로 60ft이다.
3.정도(를 나타내다), ∼의 척도(가 되다)	One's language measures his character. 한 사람의 언어는 그의 인격을 보여주는 척도가 된다.
4.[pl.] 조치, 대책 (step)	He take the necessary measures. 필요한 조치를 취하다.

61. meet

1.만나다 (see)	They met each other first at a party. 그들은 서로 파티에서 처음 만났다.
2.(도로 · 강이) 합류하다 (join)	The two rivers meet here. 그 두 강이 여기서 합류한다.
3.직면하다, 대처하다 (face, cope with)	He found a better way to meet the situation. 그는 그 상황에 대처할 좋은 방법을 발견했다.
4.마중나가다 (opp. see off)	They came to meet us at the airport. 그들은 공항으로 우리를 마중하러 나왔다.
5.(필요 · 요구조건을) 충족 시키다 (satisfy)	We increased the supply to meet the demand. 우리는 수요를 충족시키기 위해 공급을 늘였다.
6.결제하다 (pay, settle)	Our company meet all the R&D expenses. 우리 회사가 모든 연구개발비를 지불한다.

62. mind

1.마음, 정신 　(spirit, heart)	A sound mind (dwells) in a sound body. 건전한 육체에 건전한 정신이 깃든다.
2.지성·이성(를 가진 사람) 　(man, soul)	He is a man of noble mind. 그는 고결한 지성을 가진 사람이다.
3.의견, 생각; 의향, 희망 　(intention, inclination)	I have a good[great] mind to go for a walk. 산책하러 나갈 생각이다[나가고 싶다].
4.유의하다; 조심하다 　(keep in mind, heed)	Mind your step. 발밑을 조심하시오.
5.싫어하다; 신경 쓰다 　(부정·의문·조건문)	Would you mind my smoking? 담배를 피워도 괜찮습니까?

63. mine

1.나의 것	Mine is a Swiss watch. 내 시계는 스위스제이다.
2.광산; 채굴(하다)	We run a gold mine; we mined gold 8 tons. 우리는 금광을 운영하는데 8톤을 채굴했다.
3.무진장한 자원, 보고 　(treasue house)	Today internet is a mine of information. 오늘날 인터넷은 정보의 보고이다.
4.갱도, 땅굴(를 파다) 　(gallery, drift, level)	He mined into rock to find a vein of gold. 그는 갱도를 파들어가 금맥을 발견했다.
5.지뢰, 기뢰(를 부설하다)	They lay[charge, place] (land) mines. 그들은 지뢰를 매설한다.

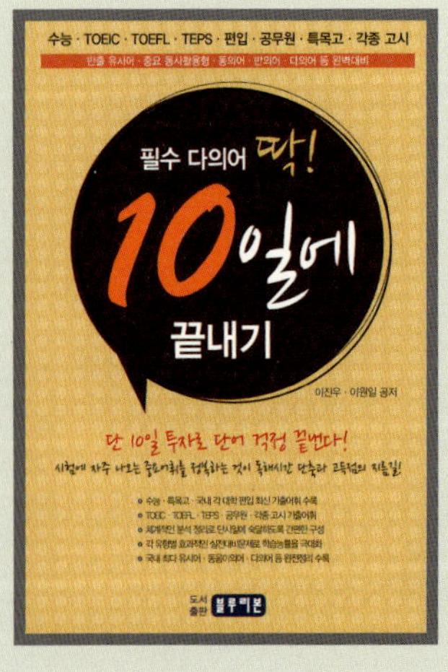

많은 수험생들과 교육현장의
선생님들로부터 수없이 받아 온 질문

충분한 양의 필수 중요 다의어를
정리해 놓은 좋은 책이 없을까?

학원가 고수 강사들이 추천하는 책,
필수 다의어 딱10일에 끝내기
(450개의 다의어 수록)

64. miss

1.(목표를) 빗맞히다, 빗나가다 (fail to hit)	The archer missed his first shot. 그 활쏘는 사람의 첫 발은 빗나갔다.
2.놓치다 (lose)	Hurry up, or you'll miss the train. 서둘지 않으면 기차를 놓칠 것이다.
3.못보고 지나치다 (overlook)	You'll find the film easily; you can't miss it. 그 영화관을 쉽게 찾을 것이다; 못보고 지나칠 수 없다.
4.빠뜨리다 (leave out; omit)	Don't miss my name out (of your list). 명단에서 내 이름을 빠뜨리지 마시오.
5.모면하다, 피하다 (evade, escape, elude)	He barely missed being run over by a bike. 그는 가까스로 자전거에 치이는 것을 모면했다.
6.~이 없음을 알다 (find the absence of)	I didn't miss the key until I got home. 내가 집에 도착하고서야 열쇠가 없음을 깨달았다.
7.그리워하다 (~이 없어서 아쉽다)	I miss you badly. 네가 몹시 그립다.
8.~양; 아가씨 (a young lady)	Miss, I am looking for Miss Brown. 아가씨, 나는 브라운 양을 찾고 있는데요.

65. move

1.움직이다, 이동시키다	Move a little to the right. 오른쪽으로 약간 움직여 주시오.
2.이사하다	He moved out and she moved in. 그는 이사해가고 그녀는 이사왔다.
3.감동시키다 (touch, incite)	His words moved people to tears. 그의 말은 사람들을 감동되어 눈물을 흘리게 했다.
4.제의[제안, 동의]하다 (propose)	I move that the meeting (should) be adjourned. 휴회를 제의[동의]합니다.

66. move

1.자연; 자연계; 자연의 법칙	Return to nature! 자연으로 돌아가라.
2.천성, 본성, 성질 (natural disposition)	A dog is a faithful animal by nature. 개는 천성적으로 충성심이 강한 동물이다.
3.본질, 특질, 특징 (essence, properties)	The book describes the nature of love. 그 책은 사랑의 본질을 묘사하고 있다.

67. obect

1.물건, 물체 (body)	He found a shining object in the river bed. 그는 강바닥에서 반짝이는 물체를 발견했다.
2.목적, 목표 (purpose, aim)	He tried every means to achieve his object. 그는 목적을 달성하기 위해 모든 수단을 다했다.
3.대상, 객관, 객체 (opp. subject)	The novelist has become the object of envy. 그 소설가는 선망의 대상이 되었다.
4.목적어 (opp. subject 주어)	A tranitive verb requires an object. 타동사는 목적어를 필요로 한다.
5.마땅찮게 여기다, 싫어하다 (mind, be reluctant)	They objected to the fatty dish. 그들은 그 느끼한 요리를 마땅찮게 여겼다.
6.반대하다, 이의를 제기하다 (be against)	I object to your opinion. 당신의 의견에 이의를 제기합니다.

68. observe

1.관찰하다, 관측[주시]하다 (→n. observation)	Astronomers observe the heavenly bodies. 천문학자들은 천체를 관측한다.
2.보다, 목격하다; 알다 (see, find)	I observed that she arrived here. 나는 그녀가 여기에 도착한 것을 알았다.
3.진술하다, 논평하다 (state, remark)	He observed that the plan would work well. 그는 그 계획이 잘 되어 갈 것이라고 말했다.
4.(규칙을) 지키다, 준수하다 (→n. observance)	Please observe silence in the reading room. 독서실에서는 침묵을 지키시오.
5.명절을 쇠다[지내다]	How do you observe your New Year's Day? 새해첫날명절을 어떻게 지내십니까?

69. odd

1.남는, 우수리의; ~남짓의	He saved $ 8 billion odd for ten-odd years. 그는 10여 년 동안 80억 달러 남짓 축적했다.
2.홀수의, 기수의 (opp. even)	Let's play 'odd and even'. 홀짝 놀이[홀이냐 짝이냐 알아맞히기 놀이]를 하자.
3.이따금의; 임시의 (temporary)	Don't eat at odd times to lose weight. 몸무게를 줄이려면 불규칙적인 식사를 하지 말아라.
4.기묘한, 이상(야릇)한 (strange, queer, weird)	A very odd thing happened. 참으로 기묘한 일이 벌어졌다.

70. once

1.한 번, 한 차례, 한 배 (suitable, befitting)	I have seen him once. 나는 그를 한 번 만난 적이 있다.
2.옛날에, 옛날 한 때에, 일찍이 (formerly)	Once there lived a prince in a kingdom. 옛날에 어느 왕국에 한 왕자가 살았습니다.
3.[접속사] 일단 한 번 ∼하면; ∼하자마자	Once you see him, you will like him. 일단 한번 그를 (면접해)보면 그가 마음에 들것이다.

71. open

1.열린; 열다[열리다]; 펴다 (unfold)	Open the bottle and leave it open inch. 그 음식점에서는 프랑스산 포도주가 나온다.
2.덮개[지붕 · 울타리]가 없는; 방해물이 없는, 탁 트인	He ran the open country in an open car. 그는 오픈카를 타고 탁 트인 널따란 땅을 달렸다.
3.일자리가 비어 있는, 공석인; 시간이 비어 있는, 한가한	The position is still open. 그 일자리는 아직 비어 있다.
4.공개[개방]된; 공개[개방]하다	The museum is open to all the citizens. 그 박물관은 모든 시민에게 개방된다.
5.영업중인, 개회중인	The shop is open from ten to six. 그 상점은 10시에서 6시까지 영업한다.
6.(영향 · 유혹에) 노출되어 있는, 영향받기 쉬운 (exposed)	Children are open to bad TV programs. 아이들은 유해 텔레비전 프로에 노출되어 있다.
7.솔직한; 터놓고 말하다 (frank, candid, outspoken)	Don't hesitate to open your heart. 주저하지 말고 속을 털어놓아라.

72. operation

1.작동, 가동; 운전, 운용	The operation of this machine is simple. 이 기계의 운용은 간단하다[쉽다].
2.(사업 등의) 운영, 경영	He operates a manufacturing company. 그는 제조회사를 운영한다.
3.(법 · 제도의) 실시, 시행; 효력	I t's time to put our plan into operation. 이제 우리의 계획을 시행할 때이다.
4.수술	She had an operation on her nose. 그녀는 코 수술을 받았다.
5.작전, 군사작전	It was a perfect military operation. 그것은 완벽한 군사작전이었다.

[1–5] 다음 각 문장의 밑줄 친 다의어의 의미로 알맞은 것을 고르시오.

1. The president is <u>due</u> to speak tonight.
   ① 지불 기일이 된　② 응당 받아야 할　③ ~에 기인하는
   ④ 도착할 예정인　⑤ ~하기로 되어 있는

2. The spacecraft landed on an <u>even</u> land.
   ① ~조차도　② 한층 더, 더욱 더　③ 평평한, 고른
   ④ 균등한, 대등한　⑤ 짝수의

3. Today's paper has a <u>feature</u> about water.
   ① 얼굴의 생김새　② 지세, 지형　③ 특징, 특색
   ④ 특집기사　⑤ 인기프로; 영화

4. Let me <u>fix</u> that computer for you.
   ① 고정시키다　② 고치다　③ ~에 집중시키다
   ④ (날짜 등을) 정하다　⑤ (식사 등을) 준비하다

5. The <u>foundation</u> supports poor African children.
   ① 창설, 창립, 창건　② 기초, 토대　③ 재단
   ④ 근거　⑤ 기초화장품[속옷]

정답

1.⑤　　2.③　　3.④　　4.②　　5.③

해석

1. 회장이 오늘 밤 연설을 **하기로 되어있다**.
2. 우주선이 **평평한** 땅에 착륙했다.
3. 오늘 신문은 물에 관한 **특집기사**를 실고 있다.
4. 제가 그 컴퓨터를 고쳐 드릴게요 / **고치다**.
5. 그 **재단**은 가난한 아프리카 아이들을 지원한다.

6. He has a <u>fair</u> knowledge of it.
   ① just, impartial, unbiased   ② quite, rather   ③ fine, clear
   ④ clear and legible   ⑤ beautiful, attractive

7. He is good at <u>figures</u>.
   ① numeral; calculation   ② shape   ③ diagram; graphic
   ④ pattern; design   ⑤ personage, celebrity

8. The watch is notable for its <u>fine</u> devices.
   ① fair, good, nice, clear   ② minute, tiny   ③ elaborate, exquisite
   ④ refined; solid, pure   ⑤ penalty

9. This school <u>fits</u> students for college.
   ① suitable, befitting   ② equal, capable   ③ well, wholesome
   ④ prepare   ⑤ spasm

10. We <u>issue</u> a book with a circulation of 100,000 every month.
   ① circulation; edition   ② publish   ③ outflow, effluence
   ④ a point of dispute   ⑤ conclusion, end

정답

6.②   7.①   8.③   9.④   10.②

해석

6. 그는 그것에 대해 **꽤 많은** 지식을 가지고 있다.
7. 그는 **계산**에 능숙하다.
8. 그 시계는 **정교한** 장치들로 유명하다.
9. 이 학교는 학생들에게 대입준비교육을 하고 있다 / **시험준비를 하다**.
10. 우리는 매달 발행부수 10만 부의 책을 **발행한다**.

[1–5] 다음 각 문장의 밑줄 친 다의어의 의미로 알맞은 것을 고르시오.

1. Are you <u>free</u> or engaged this evening?

　① 자유로운　　　② ～이 없는　　　③ 무료인
　④ 개방된　　　　⑤ 한가한

2. A <u>good</u> many people have come to the party.

　① 좋은, 훌륭한　　② 착한, 선량한　　③ 유능한, 능숙한
　④ 유효한　　　　⑤ 충분한, 꽤, 상당히

3. The meeting is <u>held</u> every week.

　① 담다, 수용하다　② ～라고 생각하다　③ 억누르다
　④ 열다, 개최하다　⑤ 효력이 있다

4. The <u>major</u> opinion is not always right.

　① 대부분의; 다수의　② 성년, 성인(인)　③ 주요한
　④ (음악) 장조(의)　⑤ 전공의

5. His <u>operation</u> of the company brings great profits.

　① 작동, 운용　　② 운영, 경영　　③ 실시, 시행
　④ 수술　　　　⑤ 작전, 군사작전

정답

1.⑤　　2.⑤　　3.④　　4.①　　5.②

해석

1. 오늘 저녁에 **시간이 납니까,**(아니면 선약이 있나요?

2. **상당히** 많은 사람들이 파티에 왔다.

3. 그 모임은 매주 **열린다.**

4. **다수의** 의견이 항상 옳은 것은 아니다.

5. 그의 회사**운영**으로 막대한 수익을 올리고 있다.

6. No one <u>matches</u> him in the ancient history of Korea.

  ① lights   ② rival, competitor   ③ be a match for, equal

  ④ go well with   ⑤ spouse

7. Money can be a <u>means</u> to an end.

  ① moderate; average   ② humble, trifling   ③ base, cowardly

  ④ way, step   ⑤ wealth; income

8. We increased the supply to <u>meet</u> the demand.

  ① see   ② face, cope with   ③ join

  ④ satisfy   ⑤ pay, settle

9. Be careful not to <u>miss</u> any article to ship in the list.

  ① lose   ② overlook   ③ leave out; omit

  ④ evade   ⑤ feel sorry for the absence of

10. Children are <u>open</u> to bad TV programs.

  ① unfold   ② clear   ③ vacant; unoccupied

  ④ free; public   ⑤ exposed

정답

6.③   7.④   8.④   9.③   10.⑤

해석

6. 조선상고사[고대한국사]에 있어서 그에 필적할 자가 없다 / **필적하다**.

7. 돈은 목적을 이루게 하는 **수단**이다.

8. 우리는 수요를 **충족시키기** 위해 공급을 늘였다.

9. 목록에서 배에 선적할 어떤 품목도 빼먹지 말라 / **빼먹다**.

10. 아이들은 유해 텔레비전 프로에 **노출되어 있다**.

1 아래에 주어진 사전 뜻풀이 가운데, 다음 문장에 사용된 밑줄 친 <u>hold</u>의 의미와 일치하는 것은?

The 6th Olympic games were held up by the World War I, but the 7th were <u>held</u> again in Belgium in 1920.

hold\hould\v. **1.to keep or support with the hands**: He held me by the arm. **2.to express one's belief (that); consider**: I hold the view (that) his failure is due to his laziness. **3.to keep in position; support**: The roof of the temple was held up by strong columns. **4.to keep back or control**: The police could not hold the angry crowd back. 5.**to be or remain in a certain state**: The regulations hold until they are replaced by new ones. **6.to make something happen; convene**: The meeting of a board of directors is held every two weeks.

① 2　　② 3　　③ 4　　④ 5　　⑤ 6

1　hold up 연기하다　　　　　　　view 의견, 견해, 생각
　　column 원기둥, 원주　　　　　hold back 감추다; 억제하다
　　convene 회의를 소집하다　　　a board of directors 이사회

2

1. free from dishonesty or injustice; just: It is not ________ to kick other players in soccer.

2. pretty good, but not excellent; moderate: Her knowledge of the French language is _______, but not perfect.

3. beautiful; attractive; lovely: The old folk song was about the love between a _______ lady and her lover.

① fair   ② ordinary   ③ legal   ④ desirable   ⑤ kind

3

1. a readiness to give attention: I have no _______ in Korean politics.

2. advantage; favor: It is in your _______ to do the work now.

3. money paid for the use of money: The Iceland government lends the citizens money at no _______.

① favor   ② interest   ③ hope   ④ capital   ⑤ curiosity

1 아래에 주어진 사전 뜻풀이 가운데, 다음 문장에 사용된 밑줄 친 <u>figure</u>의 의미와 일치하는 것은?

Renaissance artists fitted the <u>figures</u> into a specific geometric pattern: a pyramid in the Madonna picture, a circle in the Botticelli picture.

figure\ˈfig-yər\n. **1.a number symbol; numeral**: American social security number runs into nine figures. **2.calculation**: He is good at figures. **3.bodily shape or form esp. of a person**: She has quite a slim figure. **4.a diagram, or an illustration**: Textbooks usually adopt figures to help understanding. **5.a repetitive pattern or design**: She was wearing a skirt printed a polka-dotted figure. **6.a prominent personality**: Mahatma Gandhi was a religious and political figure in Indian history.

① 2　　② 3　　③ 4　　④ 5　　⑤ 6

1

fit ~에 맞다; 맞추다　　　　　　specific 특정한; 명확한
geometric 기하학적인　　　　　　diagram 그림; 도형; 도표
polka-dotted 물방울무늬의　　　　prominent 저명한

2

1. not under control or restraint: He felt _______ when he moved to the country.

2. without payment; for nothing: We can go to the concert for nothing; I have _______ tickets.

3. without work or duty: Wait a moment. I will be _______ in 10 minutes.

① free   ② independent   ③ lonely   ④ idle   ⑤ available

3

1. to join: The two express ways _______ just north of Boston.

2. to face; cope with: He found a better way to _______ the confusing situation.

3. to satisfy: They failed to supply new houses to _______ the increasing demand.

① divide   ② combine   ③ meet   ④ rescue   ⑤ turn

4 아래에 주어진 사전 뜻풀이 가운데, 다음 문장에 사용된 밑줄 친 <u>good</u>의 의미와 일치하는 것은?

If they are not being damaged, solar cells equipped in artificial satellites are <u>good</u> for ever.

good \\'gúd\\ adj. **1.of a favorable character**: No news is good news. **2.well-behaved**: Be a good boy when the guests visit us. **3.kind; nice**: He was kind enough to show me the way to the station. **4.having the ability to do something; competent; skillful**: He is a good linguist, so he is good at teaching English. **5.suitable for its purpose; effective**: This ticket holds good for a month. **6.considerable; ample**: It was a good hard work; it was a good day's work.

① 2　　② 3　　③ 4　　④ 5　　⑤ 6

4　solar cell 태양전지　　equip 장비를 갖추다　　artificial satellite 인공위성
competent 유능한　　linguist 언어학자　　suitable 적당한, 적합한
ample 넓은; 충분한　　negligence 태만함

5

1. to fail to hit, catch, find, meet, see, hear: The store is on the first floor; you can't _______ it.

2. to feel sorry or unhappy at the absence of: It is ten years since   I left my home. I _______ my family.

3. to leave out; omit: Read the list of the articles carefully not to _______ any article to ship.

① skip   ② regret   ③ miss   ④ call   ⑤ meet

6

1. to watch carefully: Astronomers _______ how the heavenly bodies work.

2. to act in accordance with: Workers should _______ the safety rules for their own safety.

3. to make a remark: The chairman will _______ on the plan.

① notice   ② observe   ③ keep   ④ protect   ⑤ survey

다의어(polysemy)의 뜻 파악하기 Ⅲ

✓ 시험에 꼭 나오는 중요 다의어

한 단어에 여러 가지 의미가 있는 단어들을 다의어라 한다. 다의어는 특히 해석상 혼동을 주기 쉬우므로 철저히 공부해 두어야 한다. 시험에서는 빠지지 않고 출제된다.

❶ 다의어의 의미 파악하기 Ⅲ(I은 p144에, Ⅱ는 p170에 계속)

☐ 73 order	☐ 85 run	☐ 97 still
☐ 74 party	☐ 86 save	☐ 98 stock
☐ 75 plain	☐ 87 serve	☐ 99 strike
☐ 76 practice	☐ 88 share	☐ 100 subject
☐ 77 present	☐ 89 simple	☐ 101 submit
☐ 78 raise	☐ 90 skip	☐ 102 succeed
☐ 79 rate	☐ 91 sound	☐ 103 term
☐ 80 reflect	☐ 92 spare	☐ 104 tip
☐ 81 relative	☐ 93 spring	☐ 105 touch
☐ 82 remain	☐ 94 stand	☐ 106 turn
☐ 83 right	☐ 95 state	☐ 107 work
☐ 84 room	☐ 96 step	☐ 108 yield

73. order

1.순서, 차례; 서열; 등급 (sequence; rank, grade)	The books are listed in alphabetical order. 그 책들은 알파벳순으로 목록에 기입되어 있다.
2.정리정돈(하다)	His room is always kept in good order. 그의 방은 언제나 잘 정돈되어 있다.
3.정상상태, 순조로운 상태	This elevator is in (good)[out of] order. 이 승강기는 잘 작동된다[고장이다].
4.질서, 치안; 체제	They respect and keep law and order. 그들은 법과 질서[치안]를 존중하고 지킨다.
5.명령[지시](하다) (bid, command, instruct)	I ordered him to deliver the goods. 나는 그에게 상품을 배달하도록 명령했다.
6.주문(하다); 주문서[품] (order sheet, indent)	(Are you) ready to order now? 주문하시겠습니까?

아래에 주어진 사전 뜻풀이 가운데, 다음 문장에 사용된 밑줄 친 order의 의미와 일치하는 것은?

Recently more people feel that spending much time and effort in shopping is not efficient any more. They love shopping goods by Internet mail <u>order</u>.

order\\'ɔ:də\\ n. **1.the sequence in which things are arranged**: The library keeps the books in alphabetical order. **2.the state in which things are neatly arranged in their proper place**: Your room is too untidy; go put it in order. **3.fitness for use or operation**: The escalator is out of order. **4.a command; direction**: The king ordered the generals to attack. **5.a request to supply goods**: The company gets an order for one hundred thousand volumes of books every month.

① 1   ② 2   ③ 3   ④ 4   ⑤ 5

Notes

sequence 순서, 차례
untidy 단정치 못한, 흐트러진

arrange 배열하다, 정돈하다
fitness 적당함, 적합; 건강함

해석

최근에 더 많은 사람들이 쇼핑하는데 많은 시간과 노력을 들이는 것이 더 이상 효율적이지 않다고 생각한다. 그들은 인터넷 통신 **주문**으로 상품을 쇼핑하는 것을 좋아한다.

1.사물들이 정돈되는 순서: 도서관은 책들을 알파벳 순서로 관리한다.

2.사물들이 적절한 장소에 깔끔하게 정돈되어 있는 상태: 네 방이 너무 어질러져 있다. 가서 정돈해라.

3.사용하거나 작동하기에 적합함: 에스컬레이터가 고장이다.

4.명령; 지시: 왕이 장군들에게 공격하라고 명령했다.

5.상품의 주문: 그 회사는 매달 10만 권의 서적을 주문 받는다.

정답   ⑤

73. order

1.순서, 차례; 서열; 등급 (sequence; rank, grade)	The books are listed in alphabetical order. 그 책들은 알파벳순으로 목록에 기입되어 있다.
2.정리정돈(하다)	His room is always kept in good order. 그의 방은 언제나 잘 정돈되어 있다.
3.정상상태, 순조로운 상태	This elevator is in (good)[out of] order. 이 승강기는 잘 작동된다[고장이다].
4.질서, 치안; 체제	They respect and keep law and order. 그들은 법과 질서[치안]를 존중하고 지킨다.
5.명령[지시](하다) (bid, command, instruct)	I ordered him to deliver the goods. 나는 그에게 상품을 배달하도록 명령했다.
6.주문(하다); 주문서[품] (order sheet, indent)	(Are you) ready to order now? 주문하시겠습니까?
7.종류; 종(種); [생물] (분류상의) 목(目)	Humans are classified as the Primates order. 인간은 영장류 목으로 분류된다.
8.종교교단, 교단; (중세의) 기사단	The nuns belong to the Dominican Order. 그 수녀들은 도미닉 수도회[교단] 소속이다.

74. party

1.파, 파벌(의); 당파, 정당(의) (faction, clique)	Are you for the ruling[opposition] party? 너는 여당[야당]을 지지하니?
2.(사교상의) 파티, 모임, 회합 (meeting)	Let's give[have, hold, throw] him a party. 그에게 파티를 열어주자.
3.일행, 일단, 동아리, 패, 무리 (group, company, band)	It is economical to travel in a party. 단체 여행은 경제적이다[저렴하다].
4.당사자, 한쪽 편; 전화 상대방	The UN called all the parties in conflict. 유엔은 분쟁 중인 당사자국들을 소집했다.

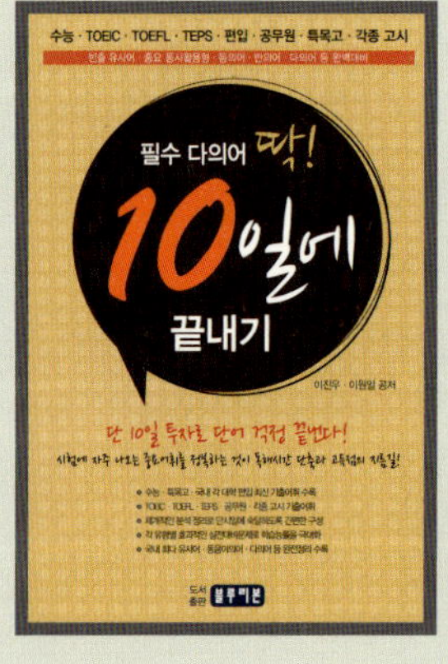

각종 영어시험에서 빠지지 않고 출제되는 다의어!

이 책에서는 지면 관계상 꼭 필요한 다의어들만을 간추려 실었습니다.

충분한 양의 필수 중요 다의어는 이 책의 제2권인 《필수 다의어 딱10일에 끝내기(450개의 다의어 수록)》 에 수록되어 있습니다.

1.평평한 (even, level)	Our plane landed in large plain land. 우리의 비행기는 넓은 평언에 착륙했다.
2.[pl.] 평야, 평원 (prairie, champaign, field)	The great plains spread before our eyes. 우리의 눈앞에 넓은 평원이 펼쳐졌다.
3.명백한, 분명한 (obvious, evident)	Please answer with a plain "yes" or "no". '예스' 아니면 '노우'로 명백히 대답하시오.
4.알기 쉬운 (clear; easy to understand)	This book is written in plain English. 이 책은 쉬운 영어로 쓰여져 있다.
5.소박한 (simple, artless)	Do you like a plain life in high thoughts? 고고한 사고 속에서 소박한 삶을 살고 싶은가?
6.장식[무늬]이 없는, 수수한 (simple, unadorned)	She was wearing a plain dress. 그녀는 장식 없는 수수한 옷을 입고 있었다.
7.못생긴 (homely, ugly)	She looks plain. 그녀는 못생겼다.
8.보통의, 평범한 (ordinary, common)	He was a plain salary earner. 그는 평범한 봉급쟁이였다.
9.솔직한 (frank, candid)	To be plain with you, you are to blame. 솔직히 말하면 네 잘못이다.

76. **practice**

1.관습, 관례 (csutom, convention)	Tipping is not a common practice in Korea. 팁주는 것은 한국에서는 일반적인 관습이 아니다.
2.실행[실천](하다); 실제 (action)	In practice, we don't practice what we preach. 실제로 우리는 우리가 역설하는 바를 실행하지는 않는다.
3.연습, 실습(하다) (exercise, training, drill)	Practice makes perfect. 연습하면 완벽해진다.
4.(의시 · 변호사) 개업(하다) (opening)	He practiced law last year; he is in practice. 그는 작년에 변호사 개업했는데, 지금 개업 중이다.
5.(의사 · 변호사의) 고객; 환자, 소송의뢰인	The doctor has a large practice. 그 의사는 환자(손님)가 많다[영업이 잘된다].

77. present

1.출석한, 참석한	He was present at the meeting. 그는 그 모임에 참석했다.
2.현재의, 현존하는 (current, existing)	The present king is present at the occasion. 현재의 국왕이 그 행사에 참석했다.
3.현재, 오늘날 (nowadays, today)	We live in the present, not in the past. 우리는 현재에 사는 것이지 과거에 사는 것이 아니다.
4.선물 (gift)	Dad bought me a nice birthday present. 아빠가 내게 멋진 생일선물을 사 주셨다.
5.주다, 증정하다 (give, offer, confer)	He presented her with an armful of flowers. 그는 그녀에게 꽃을 한 아름 선사했다.
6.제출[제시]하다 (submit, offer; show)	He presented a new bill to the Congress. 그가 의회에 새 법안을 제출했다.
7.[극장] 상연하다 (stage, perform, run)	The theater presents a new play every week. 그 극장은 매주 새로운 연극을 상연한다.

78. raise

1.올림; 올리다; 일으키다 (lift)	Raise your right hand. 오른 손을 드시오.
2.(집을) 세우다, 건립하다 (build, erect)	The king raised temples around the country. 그 국왕이 전국에 절을 세웠다.
3.승진[가격인상·임금인상] (시키다)	He will get a raise if I raise him to manager. 그를 매니저로 승진시키면 그는 봉급인상을 받게 될 것이다.
4.(반란·소동을) 일으키다	He presented her with an armful of flowers. 피난민들은 폭동을 일으킬 수도 있었다.
5.(문제·이의를) 제기하다	He raised an objection to[against] the plan. 그는 그 계획에 이의를 제기했다.
6.기르다, 양육[사육]하다 (breed)	She raised five children. 그녀는 다섯 아이를 키웠다.
7.조달하다, 모금[모집]하다 (collect)	They raise funds for a new scholarship. 그들은 새로운 장학금을 위해 기금을 모은다.

79. rate

1.비율 　(ratio, proportion)	The exchange rate is 1000 won to a dollar. 환율은 1달러에 1000원이다.
2.요금, 시세, 가격	They raise the power rate every year. 그들은 해마다 전기요금을 올린다.
3.속도	He drove at the rate of ten miles an hour. 그는 시속 10마일의 속도로 운전했다.
4.선박[선원]의 등급(을 정하다)	The ship rates as first. 그 배는 일급선이다.
5.평가하다[되다] 　(appraise, estimate)	The jewel is rated as worth 5,000 dollars. 그 보석은 5천불로 평가된다.

80. reflect

1.반사하다, 반향하다 　(reverberate)	A mirror reflects light and image. 거울은 빛과 상을 반사한다.
2.반영하다, 나타내다 　(expose, reveal)	His deeds reflect his thoughts. 그의 행위는 그의 생각을 반영한다.
3.숙고하다, 곰곰이 생각하다 　(deliberate, consider)	He reflected on the matter for a time. 그는 그 문제에 대해 한참 곰곰이 생각했다.
4.~라고 생각하다	He reflected that life is short. 그는 인생은 짧다고 생각했다.
5.(명예 · 불명예)를 초래하다	His success reflected on the whole family. 그의 성공이 그의 가문 전체의 명예가 되었다.

81. relative

1.친척, 일가 　(kindred)	I have a relative who is a famous actress. 나의 친척 중에 유명한 여배우가 있다.
2.관계사 　(rega)	We can omit this relative pronoun. 이 관계대명사는 생략할 수 있다.
3.~와 관련된, ~에 대한 　(related)	The facts relative to the case is concealed. 그 사건과 관련된 사실들은 은폐되어 있다.
4.비교적인; 상관적인 　(opp. absolute)	Happiness is a relative concept. 행복은 상대적인 개념이다.

82. remain

1.남다, 잔존하다, 살아남다 (hono)	The poet still remains on[in] our memory. 그 시인은 여전히 우리의 기억 속에 살아남아 있다.
2.머무르다, 체류하다 (stay)	He remains in London on business. 그는 사업차 런던에 체류하고 있다.
3.~인 채로 있다 (group, company, band)	A computer is, and will remain, a tool. 컴퓨터는 하나의 도구일 뿐이고 앞으로도 그럴 것이다.
4.[pl.] 잔여물, 잔해; 유적 (remainder)	A boy found the remains of an old castle. 한 소년이 고성의 유적을 발견했다.

83. right

1.바른, 옳은; 정당한[하게]	We know what is right or wrong. 우리는 무엇이 옳고 그른지를 안다.
2.정확한, 틀림없는, 맞는	My watch is right to the second. 내 시계는 초 단위까지 정확하다.
3.적당[적절]한; 알맞게	Put the right man in the right place. 적재적소에 (적합한 사람을) 배치하라.
4.건강한; 정상적인 (healthy)	I feel all right, and things go right. 몸도 괜찮고[건강하고], 만사도 잘[정상적으로] 되어간다.
5.오른쪽[편](의); 오른쪽에 (opp. left)	Turn to the right at the corner. 모퉁이에서 우회전하라.
6.곧은; 직각의 (straight; rectangular)	Draw a right line and then a right triangle. 직선을 그리고 직각 삼각형을 그려라.
7.[부사ㆍ전치사 앞에서] 바로, 실지로, 틀림 없이	Do it right here right now. 그것을 바로 지금 바로 여기서 하라.
8.곧, 지체 없이	I'll be there right away; I'll be right back. 즉시 거기로 갈게; 곧 돌아올게.
9.올바름, 정당성, 공정	Tell the difference between right and wrong. 옳음과 그름의 차이를 알아라.
10.권리; 정당한 요구 [rights] 공민권, 인권	You have the right to remain silent. 네게는 묵비권이 있다.
11.바로잡다;고치다	Your wrongs ought to be righted. 네 잘못은 바로 잡아야 한다.
12.똑바로 세우다, 일으키다	He could right a capsized boat at last. 마침내 그는 뒤집어진 보트를 바로 세울 수 있었다.

84. room

1.방, 실(室) 　(chamber)	There are five rooms in his house. 그의 집에는 방이 5개 있다.
2.[pl.] 하숙방, 셋방	Rooms for rent. 셋방 있음《광고》
3.빈 장소, 공간, 빈 자리; 　여지, 여유, 기회	A piano takes up a lot of[much] room. 피아노는 공간을 많이 차지한다.
4.하숙하다; 방을 함께 쓰다	He is rooming at our house[with us]. 그는 우리 집에서 묵고[우리와 한 방을 쓰고] 있다.

85. run

1.달리다; 달리기; 경주	He runs a mile every morning. 그는 매일 아침 1마일을 달린다.
2.(열차 · 버스 등이) 운행하다	This bus runs between Seoul and Pusan. 이 버스는 서울과 부산을 정기 운행한다.
3.〈도로 등이〉 뻗다, 통하다	This road runs through the woods. 이 도로는 숲을 통과하여 뻗어있다.
4.달아나다, 도망치다	Seeing me, he ran away. 그는 나를 보자마자 달아났다.
5.〈뉴스 소문 등이〉 퍼지다	The rumor runs that Smith is a billionaire. 스미스가 억만장자라는 소문이 돌고 있다.
6.입후보하다, 출마하다	He will run for (the) Presidency. 그는 대통령에 입후보할 것이다.
7.작동[가동]되다	This engine runs on gasoline. 이 엔진은 휘발유로 가동된다.
8.경영[운영]하다, 관리하다 　(manage, run, operate)	He runs a chocolate factory. 그는 초콜릿공장을 운영하고 있다.
9.연속 상연되다; 　판(版)을 거듭하다	The play ran in New York for 18 months. 그 연극은 뉴욕에서 18개월 동안 연속 상연되었다.
10.〈어떤 상태로〉되다 　(become, go)	The oil reserves are runnning low. 석유 매장량이 줄어들고 있다.
11.〈수량 등이〉 ～에 달하다	The profit runs to several million dollars. 그 수익은 팔백만 달러에 이른다.
12.(…라고) 씌어 있다	The first line of the Koran runs as follows; 코란의 첫 행은 다음과 같다.
13.흐르다 　(flow)	This river runs into the ocean. 이 강은 바다로 흘러든다.

86. save

1.구하다, 구조하다 (rescue)	He saved a boy from drowning. 그가 소년이 물에 빠진 것을 구해냈다.
2.저축하다, 모으다	He saves all his money. 그는 그의 돈을 모두 저축한다.
3.절약하다; 따로 떼어남겨두다. (set aside, leave)	Save (up) (money) for a rainy day. 만일을 위하여 저축해두라.
4.(힘·비용을) 덜어주다	This device saves much time and cost. 이 장치는 많은 시간과 비용을 절약시켜 준다.
5.[prep.·conj.] ～을 제외하고 (except)	All the pirates were dead save him. 그를 제외하고는 모두 해적들이 죽었다.

87. serve

1.섬기다, ～를 위해 일하다	He has served our company for 20 years. 그는 우리 회사에서 20년 동안 일해왔다.
2.시중들다, 접대[대접]하다	The waitress often serves at our table. 그 여종업원은 종종 우리의 식사 시중을 든다.
3.(임기 동안) 복무[근무]하다	He served in the army as a soldier. 그는 사병으로 육군에서 복무했다.
4.공급[제공]하다; 편의를 주다	He raised an objection to[against] the plan. 송수관이 도시에 물을 공급한다.
5.소용에 닿다, 목적에 알맞다; 쓸모가 있다(gratify)	This box serves him as a chair. 이 상자가 그의 의자 구실을 한다.
6.대우하다; 보답[앙갚음]하다 (treat)	The liar was arrested; it serves him right. 그 거짓말쟁이가 체포됐다; 마땅한 벌이다[고소하다]!
7.(조날씨·시기가) 형편에 알맞다, 적합하다	Start when the tide[opportunity] serves. 적당한 때에[형편이 좋을 때에] 출발하라.

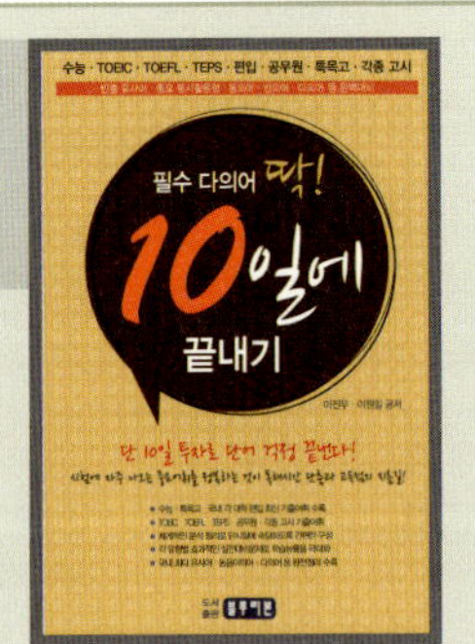

각종 영어시험에서 빠지지 않고 출제되는 다의어!
그러나 일일이 찾아보기에는 시간만 많이 걸리고
지치게 하는 다의어

마침내 최고의 다의어 결정판 출간!

✔ 필수 중요 다의어의 국내 최고·최다 완전 정리 수록
✔ 다의어의 뜻·예문·해석이 한 눈에 쏙 들어오도록 편집
✔ 체계적인 분석·정리로 단시일에 익히도록 간편하게 구성

88. share

1.몫(을 나누다), 분담(하다)	They share the profit and share the expense. 그들은 이익은 몫을 나누고 비용은 분담한다.
2.역할, 참가; 공헌 (part. role)	He had a share in your success. 그가 네가 성공하는 데에 한 역할을 했다.
3.주(株), 주식 (stock)	Americans use stock in stead of share. 흙탕물이 가라앉도록 기다려라.
4.시장 점유율 (market share)	Our products account for 75% market share. 우리 상품이 75퍼센트의 시장 점유율을 차지하고 있다.
5.분배하다, 나누어주다 (discribute)	He shared (out) $100 among five men. 그는 100달러를 5명에게 나누어주었다.
6.공유하다, 함께 하다	I shared my room with Tom for a month. 나는 한달 간 톰과 내 방을 함께 썼다.

89. simple

1.단순한, 간단한, 쉬운 (easy)	It is a simple problem to the students. 그것은 학생들에게 쉬운 문제이다.
2.단일의 (opp. compound)	The vitamin pill contains a simple substance. 그 비타민 알약은 단일 성분을 포함하고 있다.
3.순전한, 완전한 (wholly, purely)	They were all captured by simple madness. 그들은 모두 완전한 광기에 사로잡혔었다.
4.소박한, 검소한 (plain, frugal)	The novelist loved to lead a simple life. 그 소설가는 소박한 삶을 사는 것을 좋아했다.
5.순진한; 잘 속는 (naive)	He was simple enough to believe that. 그는 그것을 믿을 정도로 숙맥이었다.

90. skip

1.깡충깡충 뛰다[뛰놀다]; 도약	He skipped about for joy. 그는 기뻐서 깡충깡충 뛰었다.
2.줄넘기하다	Skip[Jump] a rope to keep healthy. 건강을 유지하기 위해 줄넘기를 하라.
3.물수제비뜨다 (play ducks and drakes)	We would skip stones on the lake. 우리는 호수에서 물수제비뜨기를 하곤 했다.
4.식사를 거르다; 수업을 빼먹다	I never skip meals or classes. 나는 절대 식사를 거르거나 수업을 빼먹지 않는다.
5.띄엄띄엄 건너뛰(며 읽)다	I skip (over) the boring parts of a book. 책의 지루한 부분을 건너뛰다.
6.화제를 갑자기 옮겨가다	He kept skipping from science to art. 그는 과학에서 갑자기 예술로 바꾸어가며 얘기했다.

91. sound

1.소리(가 나다) 음, 음향	A sweet music sound was heard. 아름다운 음악 소리가 들렸다.
2.~하게 들리다[생각되다] (look, be regarded)	That sounds like a good idea. 그것은 좋은 아이디어라고 생각된다.
3.타진하다, 마음속을 간파하다 (percuss, tap)	They tried to sound me out. 그들은 나의 속을 떠보려[의향을 타진하려] 했다.
4.건전한, 정상적인 (healthy, wholesome)	A sound mind in a sound body. 건전한 신체에 건전한 정신이 깃든다.
5.깊은; 깊이 (deep)	After a sound sleep, I feel refreshed. 푹 잤더니 몸이 개운하다.
6.깊이를 재다 (fathom)	How can we sound the depth of the lake? 우리는 어떤 방식으로 호수의 깊이를 잴 수 있을까?
7.해협, 좁은 해협 (straits, channel)	A straits[channel] is smaller than a sound. 해협(straits, channel)은 해협(sound)보다 작다.

92. spare

1.절약하다, 아끼다 (economize, save)	Spare the rod and spoil the child. 매질을 아끼면 자식을 망친다.
2.나누어주다, 할애(割愛)하다 (allot)	Can you spare a few minutes for me? 몇 분만 시간을 내주시겠습니까?
3.없이 지내다 (dispense with)	I can't spare him [the car] today. 오늘은 그[차]가 꼭 필요하다.
4.목숨을 살려주다 (have mercy on)	Please spare him his life. 부디 그의 목숨을 살려 주십시오.
5.수고를 덜다[끼치지 않다] (save trouble)	This machine will save you a lot of trouble. 이 기계는 당신의 수고를 많이 덜어줄 것이다.
6.여분의, 예비의;[pl.] 예비품 (extra)	Do you have a spare key? 여분의 열쇠가 있니?
7.야윈, 마른, 호리호리한 (lean, slender, slim)	Do you like her spare figure? 너는 그녀의 마른 몸매가 마음에 드니?

93. spring

1.봄 　(springtime)	Flowers come out in spring. 봄에는 꽃이 핀다.
2.용수철, 태엽, 스프링	The toy works by means of spring. 그 장난감은 용수철로 움직인다.
3.(용수철처럼) 튀어오름[오르다], 　도약[약동](하다); 벌떡 일어서다	He sprang to his feet for joy. 그는 기뻐서 벌떡 일어섰다.
4.샘(솟아 나오다), 원천, 근원 　(fountain, well; source, origin)	Water suddenly sprang up. 물이 갑자기 솟아 나왔다.
5.(갑자기) 발생(하다), 일어나다	Towns sprang up in the desert. 사막에 도시들이 생겨났다.
6.싹이 트다, 생기다 　(sprout, shoot)	Leaves began to spring from seeds. 씨에서 잎이 싹트기 시작했다.

94. stand

1.서다, 서 있다; 일어서다 　(rise)	Stand still; don't stand the child up. 가만히 서 있어라; 그 애를 일으켜 세우지 말라.
2.어떤 상태[처지·입장](에 있다) 　(be, remain)	The window stands open. 문이 열린 채 있다.
3.〈높이·값·정도가〉～이다	He stands 6 feet tall. 그는 키가 6피트이다.
4.～에 있다, 위치하다 　(lie, be loacated, be situated)	The village stands along the river. 그 마을은 강을 따라 위치하고 있다.
5.편들다, 찬성[반대]하다 　(take side with)	I stand for[against] Free Trade. 나는 무역 자유화에 찬성[반대]이다
6.오래 가다, 지속하다; 유효하다 　(last, ; be good)	This stone house stands centuries. 이 석조가옥은 수세기가 되었다.
7.참다, 견디다 　(bear, endure)	I cannot stand this heat here. 나는 이곳의 더위를 견딜 수 없다.
8.관람석; 노점, 매점; 택시 승차장 　(booth, stall; stop)	The newsstand sells English papers. 그 신문 가판대는 영자신문들을 판매한다.
9.대(臺), 작은 탁자; ～얹음 대 　(rest, rack, table)	Bring and set up the music stand. 악보대를 가져다 세워라.

95. state

1.상태, 형세 (condition)	The country is in a state of war. 그 나라는 전쟁상태에 있다.
2.국가, 나라 (country)	It's a state-owned broadcasting system. 그것은 국영방송이다.
3.주(州) (commonwealth)	The U.S. consists of 50 states. 미국은 50개주로 구성되어 있다.
4.격식을 갖춘 의식, 공식 (formal, official)	The premier gave a state visit to our company. 수상이 우리 회사를 공식 방문했다.
5.진술하다, 언명하다 (declare)	The constitution states the equal rights of all. 헌법은 모든 사람들의 동등한 권리를 언명하고 있다.
6.(날짜 등을) 지정하다 (designate)	Theater tickets must be used on the stated date. 극장표는 지정된 날짜에 사용해야 한다.

96. step

1.걸음(을 내딛다); 발소리; 걸음걸이 (pace; gait)	Take a step forward and step inside. 한 걸음 앞으로 와서 안으로 들어오시오.
2.디딤대, 발판; 계단(식으로 만들다) (footing, foothold; stairs)	Watch your step; I stepped the slope. 발 밑을 조심하시오; 경사면에 계단을 만들었다.
3.수단, 조치, 방법 (action, measures)	We should take necessary steps. 우리는 필요한 조치를 취해야 한다.
4.단계(로 나누다) (stage, phase)	The first step to success is to aim. 성공의 첫 번째 단계는 목표를 정하는것이다.

97. still

1.정지[고요](한)[하게 하다] (quiet, silent)	The night is still; Enjoy the still of the night. 밤이 고요하다; 밤의 정적[고요]을 즐겨라.
2.〈술이〉거품이 안 나는 (opp. sparkling)	Wine is still before it is fermented. 술은 발효되기 전에는 거품이 나지 않는다.
3.정물화 (still-life picture)	I draw still pictures; I'm a still-life painter. 나는 정물화를 그린다; 나는 정물화가이다.
4.아직(도), 여전히 (even)	He is still sleeping. 그는 아직도 자고 있다.
5.그럼에도 불구하고, 그래도 (nevertheless)	He has his faults. Still, I love him. 그는 결점이 있지만 그래도 나는 그를 좋아한다.
6.[비교급 강조] 한층, 더욱 더 (even, much, far, by far)	That's still better. 그쪽이 더욱 좋다.
7.증류기, 증류소; 증류하다 (distiller; distill)	The whisky still was set up by his grandpa. 그 위스키 증류소는 그의 할아버지에 의해 세워진 것이다.

98. stock

1.비축[저장](하다), 사재다, 재고	Do you have any blue shirts in stock? 청색셔츠 재고 있어요?
2.가축[어류](를 방목[방류]하다)	We stock a river with carp every year. 우리는 해마다 강에 잉어를 방류한다.
3.주식, 주 (BE share)	I bought 1000 stocks in the company. 나는 그 회사의 주식 1000주를 샀다.
4.그루터기; 뿌리줄기; 접목대목 (stem, trunk; stump, rootstock)	Graft a shoot of a pear onto a stock. 배나무를 대목에 접목하라.
5.가계, 혈통; 어족, 언어계통 (genealogy, pedigree, lineage)	He comes of (a) good stock[family] . 그는 좋은 가문의 출신이다.
6.육수, 우려낸 국물 (gravy, broth)	Add anchovy stock to the noodles. 국수에 멸치 육수를 넣어라.
7.[pl.]조선대[배 건조 버팀대]	I have a couple of books on the stocks. 집필[계획]중인 책이 두 권 있다.

99. strike

1.치다, 때리다; 타격[공격](하다) (hit, beat; attack)	Strike while the iron is hot. 쇠가 뜨거울 때 쳐라[쇠뿔도 단김에 빼라].
2.쳐서[때려서] ~하게 하다	He struck a light. 그는 (성냥을 켜서) 불을 붙였다.
3.우연히 마주치다[만나다] (come upon, find)	He struck a great vein of gold. 그는 거대한 금맥을 발견했다.
4.생각이 떠오르다, 생각해내다 (hit upon, occur)	I struck upon an idea[An idea struck me] . 어떤 생각이 떠올랐다.
5.눈에 띄다, 주의를 끌다 (draw attention)	His book struck the attention of the people. 그의 책은 국민들의 주의를 끌었다.
6.인상을 주다 (impress, imprint)	How does the picture strike you? 이 그림은 (인상이) 어떠니?
7.동맹파업(하다) (walkout)	They struck for higher wages; they are on strike. 그들은 임금인상을 요구하여 파업을 했다; 그들은 파업 중이다.

100. subject

1.주제, 화제, 논제, 테마 (topic, theme)	What is the subject of the seminar? 세미나의 주제는 무엇이냐?
2.백성, 신하, 피지배자 (vassal, retainer)	A king rules over his subjects. 왕은 신하들을 다스린다.
3.학과, 교과, 과목 (lesson)	English is my favorite subject. 영어는 내가 가장 좋아하는 과목이다.
4.주어, 주부 (opp. predicate 술부)	A sentence has a subject and a predicate. 문장에는 주어와 술어가 있다.
5.주체, 주관; 실험의 피험자 (opp. object 객체)	His book struck the attention of the people. 그의 책은 국민들의 주의를 끌었다.
6.지배받는, 종속하는[시키다]; 속국[속령]의	This country is subject to England. 이 나라는 영국의 지배를 받는다.
7.영향[피해]를 받는[받기 쉬운]	Planes are subject to delays in bad weather 비행기는 악천후에는 연착되기 쉽다.
8.승인 받아야 하는, ～을 조건으로 하는	The plan is subject to your approval. 이 계획은 귀하의 승인을 요합니다.

101. submit

1.복종[굴복]시키다[하다] (surrender, yield)	He didn't submit to the enemy but defeated it. 그는 적에게 굴복하지 않고 적을 쳐부수었다.
2.제출[제기, 제안]하다 (refer, present, offer)	Students are required to submit term papers. 학생들은 리포트를 제출해야 한다.

102. succeed

1.성공하다, 성취하다 (achieve, accomplish)	He succeeded in his business. 그는 사업에서 성공했다.
2.계승[상속]하다, 뒤를 잇다 (accede, inherit opp. precede)	Elizabeth succeeded Mary as Queen. 엘리자베스가 메리의 뒤를 이어 여왕이 되었다.

103. term

1.임기; 기간 (period, tenure)	The president is elected for a four-year term. 대통령은 4년 임기로 선출된다.
2.학기 (semester)	He's enrolled three courses in the fall term. 그는 가을학기에 3과목을 등록했다.
3.[pl.] 용어, 술어 (terminology)	He explained the theory in plain terms. 그는 그 이론을 쉬운 말로 설명했다.
4.[pl.] 조건, 약정 (condition, stipulation)	The terms of the contract are stated clearly. 그 계약의 조건은 명확히 명시되어 있다.
5.[pl.] 사이, 관계 (relation)	She is on good[bad, speaking] terms with me. 그녀는 나와 사이가 좋다[나쁘다, 말을 건네는 정도의 사이].

104. tip

1.끝, 첨단; 끝에 장식하다 (point, end)	The walking stick is tipped with a rubber tip. 그 지팡이는 끝에 고무 끝단이 끼워져 있다.
2.팁, 사례금; 팁을 주다 (gratuity)	I gave her a dollar tip; he tipped her a cent. 나는 그녀에게 1달러 팁을 주었고 그는 1센트를 주었다.
3.내부정보제공[밀고] 하다 (inform)	Someone tipped off the king. 누군가가 왕에게 밀고했다.
4.조언[암시 · 힌트] (를 주다) (advice, suggestion)	Take my tip. - Thank you for your tips. 내 말[충고]대로 해라. – 충고에 감사드립니다.
5.비결, 요령 (secret, key, knack)	This is a tip for baking crispy crackers 바삭바삭한 과자를 굽는 비결이다.
6.가볍게 치기[치다] (pat, tap)	He gave me a tip on the shoulder. 그가 내 어깨를 툭 쳤다.
7.기울임; 기울다[기울이다] (tilt, slant, incline, lean)	She tipped the pot and poured water. 그녀는 주전자를 기울여 물을 따랐다.
8.뒤집히다, 뒤집어엎다 (overturn, upset, capsize)	The boat tipped over. 배가 뒤집혔다[전복되었다].
9.모자에 손을 대 인사하다] (greet)	He tipped his hat to me. 그가 모자에 가볍게 손을 대어 나에게 인사했다.

105. touch

1.닿다, 접촉(하다), 접하다 (contact, be tangent)	A part of the road touches the river. 그 도로의 일부는 강에 접해있다.
2.손(가락)을 대다, 만지다 (finger, feel)	Don't touch the exhibits. 진열품에 손을 대지 마시오.
3.연락, 접촉, 교제 (contact, liason)	I keep in touch with them. 나는 그들과 접촉[연락]을 지속하고 있다.
4.감동시키다 (move, impress, inspire)	The story touched us all deeply. 그 이야기는 우리 모두에게 깊은 감동을 주었다.
5.기운, 기, 기미 (secret, key, knack)	There was a touch of sarcasm in his voice. 그의 목소리에서 빈정대는 기미가 느껴졌다.
6.약간의 양, 적은 양, 조금 (a small quantity)	My soup wants a touch of salt. 내 국에는 간[소금]이 조금 모자란다.
7.(그림 · 글에) 가필[수정]하다 (correct, revise, retouch)	I put a few finishing touches to my essay. 나는 에세이에 몇군데 마무리 손질을 했다.
8.가볍게 언급하다 (mention, refer to)	He touched briefly on his own travels. 그는 자기 자신의 여행에 관해 간단히 언급했다.

106. turn

1.돌(리)다, 회전(하다 · 시키다) (round, revolve, rotate, spin)	A wheel turns on its axis. 바퀴는 축을 중심으로 돈다.
2.(스위치를) 틀다[켜다, 끄다] (put, switch)	Turn the lights on; turn the radio down. 전등을 켜고 라디오 볼륨을 낮춰라.
3.향(하게)하다 방향을 바꾸다; 방향전환: 전환점, 전기	His life took a favorable turn. 그의 인생은 전환점을 맞아 순조롭게 풀려나갔다.
4.뒤집(히)다; 페이지를 넘기다 (overturn, overthrow, upset)	She turned the steak on the gridiron. 그녀가 석쇠 위의 스테이크를 뒤집었다.
5.바뀌다, 변화하다[시키다] (change, transform)	Water turns into ice when it freezes. 얼게 되면 물은 얼음으로 바뀐다.
6.~상태가 되다 (become, get, grown)	His face turned red for running. 달리기로 그의 얼굴이 붉게 되었다.
7.~나이 · 시간 · 액수를 넘다 (exceed, pass, be over)	He is[has] turned (of) forty. 그는 나이 40을 넘었다.
8.쫓아내다, 쫓아버리다 (expel, drive away)	She never turns away homeless animals. 그녀는 결코 집없는 동물들을 쫓아내지 않는다.
9.뒹굴다, 몸을 뒤척이다 (roll about, tumble about)	He tossed and turned all night for joy. 기뻐서 그는 밤새도록 잠자리에서 몸을 뒤척였다.
10.순번, 차례; 기회 (order, sequence, go)	It's your turn[go] next. 다음은 네 차례다.

107. work

1.일[공부](하다[시키다]) (work, labor, toil)	He's working at[studying] history. 그는 역사학을 공부한다.
2.(기계가) 작동하다 (operate, run, go)	This machine works[goes] by electricity. 이 기계는 전기로 작동된다.
3.효과가 있다, 성공하다 (be effective; succeed)	The idea worked pretty well. 그 생각은 아주 효과가 좋았다.
4.혼자 힘으로 해 나아가다 (pay for with labor)	He worked his way through college. 그는 대학을 고학으로 나왔다.
5.직업; 직장, 일자리 (occupation, job, career)	I t is not allowed to smoke at work. 근무 중[직장에서] 담배 피우는 것은 허용되지 않는다.
6.작품 (product, production)	This is a supreme work of art. 이것은 최고의 예술작품이다.
7.공장, 제작소 (factory, plant, mill)	The steel works is near the town. 철공장이 읍 가까이에 있다.
8.(시계의) 작동장치 (contrivance, device)	The works of this watch is very elabortate. 이 시계의 작동장치는 매우 정교하다.

108. yield

1.산출(하다); 이익을 내다; 산출고, 생산량(output)	His business yields big profits. 그의 사업은 많은 이윤을 낸다.
2.양도하다, 넘겨주다 (transfer, assign)	He yielded me his property. 그는 나에게 재산을 양도해 주었다.
3.굴복하다, 굴하다 (surrender, submit)	We should not yield to the terrorists. 우리는 결코 테러리스트들에게 굴복해서는 안 된다.
4.(압력에) 휘다, 무너지다 (give way)	He worked his way through college. 그는 대학을 고학으로 나왔다.
5.길을 양부하다 (concede; give way to)	Cars are supposed to yield to pedestrians. 자동차는 보행자들에게 길을 양보해야 한다.

[1-5] 다음 각 문장의 밑줄 친 다의어의 의미로 알맞은 것을 고르시오.

1. We are giving an <u>order</u> of 10,000 volumes for the new book.
   - ① 순서, 차례　② 정상상태　③ 질서
   - ④ 명령　⑤ 주문

2. He got a raise to manager; he was <u>raised</u>.
   - ① 올리다　② 세우다　③ 승진[인상] 시키다
   - ④ 기르다　⑤ 모금하다

3. The exchange <u>rate</u> is 1,200 won to a dollar.
   - ① 비율　② 요금, 시세, 가격　③ 속도
   - ④ 등급　⑤ 평가하다

4. My watch is <u>right</u> to the second.
   - ① 바른, 옳은　② 정확한, 틀림없는　③ 적당한, 적절한
   - ④ 건강한　⑤ 곧은; 직각의

5. He <u>runs</u> a factory producing solar energy materials.
   - ① 하나의　② 같은　③ ~라는 것은 (모두)
   - ④ ~당　⑤ 어떤

정답

1. ⑤　　2. ③　　3. ①　　4. ②　　5. ⑤

해석

1. 우리는 새 책 10,000부에 대한 **주문**을 드립니다.
2. 그는 매니저로 승진했다; 그는 **봉급인상을 받았다**.
3. 환율[교환 **비율**]은 1달러에 1200원이다.
4. 내 시계는 초 단위까지 **정확하다**.
5. 그는 태양열 소재를 생산하는 공장을 **운영한다**.

6. To be <u>plain</u> with you, he is to blame.
   ① even, level　　② obvious　　③ easy to understand
   ④ homely, ugly　　⑤ frank, candid

7. This machine will <u>save</u> you a lot of trouble.
   ① economize, save　　② allot　　③ dispense with
   ④ have mercy on　　⑤ save trouble

8. Do you <u>stand</u> for Free Trade?
   ① remain　　② be located　　③ take side with
   ④ last; be good　　⑤ bear, endure

9. He <u>struck</u> a great vein of gold.
   ① hit, beat　　② come upon, find　　③ hit upon, occur
   ④ draw attention　　⑤ walkout

10. The president is elected for a four-year <u>term</u>.
   ① period, tenure　　② semester　　③ terminology
   ④ condition, stipulation　　⑤ relation

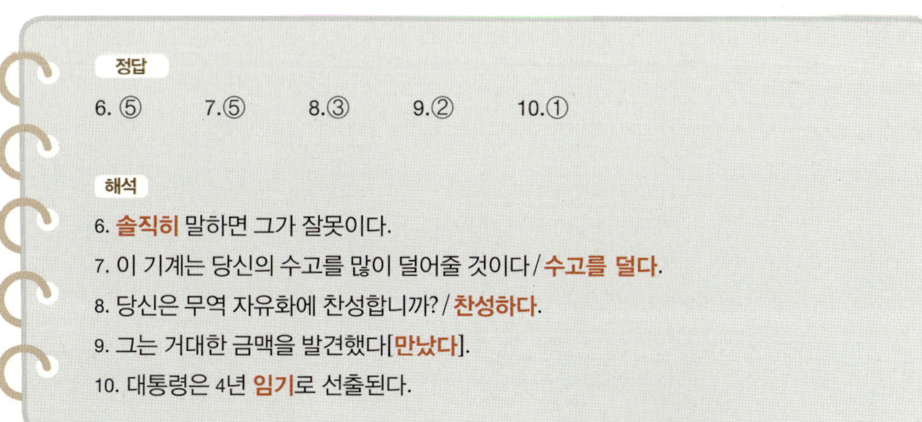

정답

6. ⑤　　7. ⑤　　8. ③　　9. ②　　10. ①

해석

6. **솔직히** 말하면 그가 잘못이다.
7. 이 기계는 당신의 수고를 많이 덜어줄 것이다 / **수고를 덜다**.
8. 당신은 무역 자유화에 찬성합니까? / **찬성하다**.
9. 그는 거대한 금맥을 발견했다[**만났다**].
10. 대통령은 4년 **임기**로 선출된다.

[1–5] 다음 각 문장의 밑줄 친 다의어의 의미로 알맞은 것을 고르시오.

1. The pipelines <u>serve</u> the city with water.
   ① 봉사하다　　② 시중들다　　③ 복무[근무]하다
   ④ 공급[제공]하다　　⑤ 소용에 닿다

2. It is a <u>simple</u> problem to the students.
   ① 단순한, 쉬운　　② 단일의　　③ 순전한
   ④ 소박한, 검소한　　⑤ 순진한; 잘 속는

3. Can you <u>spare</u> a few minutes for me?
   ① 절약하다, 아끼다　　② 나누어주다　　③ ～없이 지내다
   ④ 목숨을 살려주다　　⑤ 수고를 덜다

4. Wine is <u>still</u> before it is fermented.
   ① 정지한, 고요한　　② 거품이 나지 않는　　③ 아직(도), 여전히
   ④ 그럼에도 불구하고　　⑤ 증류기; 증류하다

5. This country is <u>subject</u> to England.
   ① 주제, 화제　　② 학과, 과목　　③ 지배받는, 종속하는
   ④ 영향을 받는　　⑤ ～을 조건으로 하는

정답

1. ④　　2. ①　　3. ②　　4. ②　　5. ③

해석

1. 송수관이 도시에 물을 **공급한다**.
2. 그것은 학생들에게 **쉬운** 문제이다.
3. 몇 분만 시간을 내주시겠습니까? / **할애하다**
4. 술은 발효되기 전에는 **거품이 나지 않는다**.
5. 이 나라는 영국의 **지배를 받는다**.

6. This is a <u>tip</u> for baking crispy crackers.

   ① point, end   ② gratuity   ③ information against
   ④ advice, suggestion   ⑤ secret, key, knack

7. The story <u>touched</u> us all deeply.

   ① contact, be tangent   ② finger, feel   ③ move, impress
   ④ correct, retouch   ⑤ mention, refer to

8. Water <u>turns</u> into ice when it freezes.

   ① revolve, rotate, spin   ② change, transform   ③ become, get
   ④ exceed, pass   ⑤ toss about

9. The idea <u>worked</u> pretty well.

   ① study, labor   ② operate, run   ③ be effective
   ④ pay for with labor   ⑤ occupation, career

10. His business <u>yields</u> big profits.

   ① produce   ② transfer, assign   ③ surrender, submit
   ④ give way   ⑤ concede; give way to

정답

6. ⑤   7. ③   8. ②   9. ③   10. ①

해석

6. 이것이 바삭바삭한 과자를 굽는 **비결**이다.

7. 그 이야기는 우리 모두에게 깊은 **감동을 주었다**.

8. 얼게 되면 물은 얼음으로 **바뀐다**.

9. 그 생각은 아주 효과가 좋았다. / **효과가 있다**.

10. 그의 사업은 막대한 **이익을 창출한다**.

1 아래에 주어진 사전 뜻풀이 가운데, 다음 문장에 사용된 밑줄 친 <u>run</u>의 의미와 일치하는 것은?

The BBC channels are non-commercial; the money to <u>run</u> BBC TV comes from the citizens who own TV sets.

run\\'rən\\vb. **1.to be in operation**: Don't open the cap while the engine is running. **2.to continue in operation or performance**: His musical ran in New York for two years. **3.to become a candidate**: He is planning to run for the presidency. **4.to control; be in charge of**: His father runs a trading company dealing in solar cell materials. **5.to become**: Trees in some areas are running dry because of the acid rain.

① 1　② 2　③ 3　④ 4　⑤ 5

1　non-commercial 비영리적인　　candidate 입후보자
presidency 대통령 직[임기]　　acid rain 산성비

2

1. repeated performance or exercise in order to gain skill: It takes a lot of _______ to be really good at playing the guitar.

2. the actual doing of something: It sounded like a good idea, but it didn't work in _______.

3. something that is regularly or habitually done: Tipping is not a common _______ in Korea.

① lesson   ② time   ③ practice   ④ tradition   ⑤ money

3

1. to be in or take a particular position: _______ firm; don't let them change your opinion.

2. to be in height: The new building of our company_______ over 200 feet high.

3. to bear; endure: I can't_______ this heat here.

① catch   ② stand   ③ place   ④ rise   ⑤ keep

1 아래에 주어진 사전 뜻풀이 가운데, 다음 문장에 사용된 밑줄 친 <u>terms</u>의 의미와 일치하는 것은?

In Japan medical doctors have been notorious for writing out prescriptions in their own <u>terms</u> to keep their interests.

terms('tərm),n. **1.a word having a precise meaning in some uses**: He explained the difficult theory in easy terms. **2.a fixed or definite period of time**: He was reelected president for another term of four years. **3.division in a school year; semester**: He's enrolled the courses in the fall term. **4.provisions of an agreement; conditions**: The terms of a contract should be stated clearly. **5.mutual relationship**: They are on good terms with each other.

① 1 　　② 2 　　③ 3 　　④ 4 　　⑤ 5

1　prescription 처방, 처방전　　　　　　definite 명확한, 한정된
　semester 학기　　　　　　　　　　　　contract 계약, 계약서

[2~3] 다음은 어떤 단어에 대한 사전의 뜻풀이이다. 빈칸에 공통으로 들어갈 가장 적절한 단어를 고르시오.

2

1. morally good: We should try to do what is __________, honorable, and worthy.

2. correct; exact: The Swiss watch is really a quality; it's beautiful and _______ to the 1/1000 second.

3. most suitable; best in view of the circumstances: Which is the _______ and fast way to Sun City?

① honest   ② desirable   ③ proper   ④ accurate   ⑤ right

3

1. a topic or theme being considered: He has bought a series of books on the _______ of religion.

2. people living under the control of a certain royal ruler: A king calls the people in the kingdom his _______.

3. a branch of knowledge studied: He is taking six courses in his first year of college; English is his favorite _______.

① subject   ② state   ③ course   ④ education   ⑤ interest

4 아래에 주어진 사전 뜻풀이 가운데, 다음 문장에 사용된 밑줄 친 <u>plain</u>의 의미와 일치하는 것은?

> Contrary to what people say, friendship is apt to be easily hurt by <u>plain</u> advice from the very true friends.
>
> **plain**\plein\adj. **1.even; level**: On the summit of the mountain spread a large plain land. **2.clear; easy to see, hear or understand**: It's quite plain that he doesn't agree to the plan. He explained the difficult theory in plain terms. **3.direct and honest; frank**: A plain speaking is not always good. **4.not pretty or good-looking; rather ugly**: Contrary to the reputation of the times she was plain. **5.simple; without decoration or pattern**: He led a plain life on plain meals in a plain house

① 1　　② 2　　③ 3　　④ 4　　⑤ 5

4　contrary to ～와 반대로　　　　be apt to ～하기 쉽다
　　even 평평한; 대등한; 짝수의　　level 평평한; 대등한
　　times 시대; 번, 회; 배　　　　decoration 장식(물); 훈장

5

1. to make safe from danger: He could __________ his friend from falling from the tree.

2. to keep money or something for later use: __________ your energy for the last minutes of the marathon race.

3. leaving out; except: __________ the newly published book, he read all the books in this library.

① rescue ② collect ③ store ④ save ⑤ miss

6

1. to act with effort with a special purpose: They have a lot of precious documents; they ______ at history.

2. to be active well without failing: This machine no more goes by human power; the new models _______ by electricity.

3. to produce an effect: For the success of the plan, this idea will _______ pretty well.

① write ② run ③ work ④ turn ⑤ achieve

정답 및 해설

철자가 비슷하여 혼동하기 쉬운 단어 (유사어)

유형 연습

정답

1 ② 2 ⑤

1

우리의 후각이 미각에 (A)[**영향을 주다**/영향] 영향을 줄 수 있는가? 이 문제에 답하기 위해 한 의대의 (B)[**내과의사**/물리학자]가 실험을 실시했다. 연구에서 피실험자들에게는 코를 틀어막은 상태로 수프가 주어졌는데, 처음에는 단 맛이 나는 수프, 다음에는 신맛이 나는 수프였다. 놀랍게도 그들은 차이를 구별하지 못했다; 그들은 다른 음식이 모두 같은 맛이 난다고 말했다. 그리고 나서 그들은 충분히 냄새를 맡으며 똑같은 수프를 맛보았다. 이번에는 감기에 걸려 냄새를 맡을 수 없는 한 사람을 (C)[기대하다/**제외하고서는**] 그들 모두가 그 차이를 알았다.

해설

physician(내과의사)과 physicist(물리학자)는 혼동하기 쉽다. 그러나 physician(내과의사)–surgeon(외과의사)의 각운(–an, –on)으로 외우면 혼동을 막을 수 있다.

2

우리 선생님은 재빨리 말을 멈추었고 아이들은 태극기를 옷 속에 감추었다. 곧 일본군 병사들이 칼을 빼어들고 교실로 몰려들어왔다. 그 지휘자는 붉은 얼굴에 날카로운 눈을 가진 사악한 사람이었다. 분위기는 (A)[훌륭한/**끔찍한**] 끔찍했다. 우리 아이들은 (B)[**겁먹은**/신성한] 겁에 질려 죽을 지경이었으며 두려움에 벌벌 떨며 자리에 앉아 꼼짝도 하지 않았다.
지휘자가 교실을 둘러보고 우리 선생님을 돌아다보고 "무엇을 가르치고 있소?" 하고 물었다.
"일본어요."하고 우리 선생님은 (C)[아주/**조용한**] 목소리로 말했다.

해설

terrific과 terrible은 대표적 빈출 유사어이다.

실전 연습

1 ④   2 ③   3 ①   4 ⑤

1

버팔로[미국 들소]는 미국정부의 동물프로젝트에 의해 (A)[방지하다/**보호하다**] 보호되는 동물들 중의 하나이다. 버팔로 프로젝트 덕택으로, 그들의 (B)[인기/**인구, 개체수**]는 삼림의 손실에도 불구하고 증가했다. 이것은 버팔로가 일련의 거대한 산불들로 인하여 새로 늘어난 (C)[**목초지**/자세]에 잘 적응한데서 일어난 일이다. 사실상, 자연은 이처럼 생물들을 양육할 방식을 찾아 나아간다.

popularity와 population은 동일어원의 파생어로서 혼동을 주기 쉽다.

2

만일 누구가가 예를 들어 사고로 많은 피를 (A)[느슨한/**잃다**] 잃게 된다면 그는 (B)[출현/**응급**] 응급실로 이송뇌어 수혈을 받게 될 것이다. 그러나 그를 위해 새루운 혈액율 고를 때는 특별한 주의가 취해져야 한다. 만일 혈액이 그의 혈액과 너무 다르면 수혈로 그가 죽을 수도 있다. 누구나 4가지 기본 혈액형인 A, B, AB, 그리고 O형 중의 하나를 가지고 태어난다. 혈액형은 머리카락 색깔이나 키처럼 부모에게서 유전된다. 간단한 테스트가 사람의 혈액형을 (C)[예측하다/**가리키다, 나타내다**] 나타내준다.

lose(잃다)는 동사, loose(느슨한)은 형용사.

미국인들은 평균적으로 일년에 일인당 10파운드의 아이스크림을 소비한다. 때때로 우리는 아이스크림을 먹을 때 심한 두통을 겪는다. 이러한 형태의 두통은 브레인 프리즈[두뇌결빙]라고도 알려져 있다. 그것은 입천장에서 냉각에 의한 혈관의 급속 (A)[**수축**/건설]과 다시 데워짐으로 인한 혈관의 급속한 팽창에 의한 결과이다. 브레인 프리즈 통증은 약 20초간 지속된다. 나 역시 아이스크림 (B)[**원추형뿔**/옥수수] 콘을 좋아한다. 내가 도달한 해결책은 진통제 (C)[**알약**/껍질을 벗기다] 한 병을 사는 것이 아니라, 찬 음식이나 음료를 더 늦은 속도로 소비하는 것이다.

해설

아이스크림을 담는 웨이퍼(wafer)가 원뿔꼴(cone)임에 착안할 것.

보스턴은 내가 (A)[**좋아하는**/철자 틀림] 도시이다. 보스턴은 매사추세츠 주의 수도이다. 보스턴은 미국에서 아홉 번째로 큰 대도시이다. 1630년에 설립된 보스턴은 영국에서 (B)[**분리된 채**/철자 틀림] 있으며 독립적이 되기를 추구했다. 그럼에도 불구하고 보스턴에서의 발음은 영국에서의 발음에 가깝다. 보스턴이 없다면 뉴잉글랜드는 진공과도 같을 것이다. 많은 대학과 대학교가 있는 보스턴은 교육의 특권을 누리고 있으며 훌륭한 인적자원이 (C)[**풍부한**/철자 틀림] 하다. 보스턴 사람들은 "유능한 사람이 (D)[**필수불가결한**/철자 틀림] 하다"라고 말한다.

해설

철자를 혼동하기 쉬운 단어들이다. 올바른 철자는 favorite, ninth, separate, abundant, indispensable 이다.

An able man is indispensable.이라고 외워두면 좋다. 앞의 able이 indispensable의 끝 부분에 똑같이 붙는다고 외워두면 편리하다.

유형 연습

정답

1 ⑤　2 ③

1

놀이공원에는 보통의 놀이시설, 기계장치의 놀이시설, 스포츠운동장, 보트장, 음식점과 다른 리조트 (A)[쉬움/**시설**]이 포함된다. 공원은 수입의 많은 부분을 공원에 입장하는 손님들이 지불하는 입장료에서 거두어들인다. 다른 수입원에는 주차요금, 음식과 음료수 판매, 기념품이 있다. 공원은 6세 미만의 어린이들은 입장료 무료이다. (B)[금고/**안전**]을 위하여 롤러 코스터는 오로지 맑은 날씨일 때만 운행되며, 9세 미만의 어린이들은 롤러 코스터에 (C)[**입장**/입장료] 불가이다.

해설

입장료는 admission free(입장료 무료)라고 외워두면 기억하기 좋다.

2

타임캡슐은 한 시대의 많은 귀중한 정보가 간직되어 있는 금고와 같다. 그것은 보통 미래의 사람들과 의사소통을 하는 방법으로 의도되는 것이다. 타임캡슐은 미래의 어느 날짜에 열리게 되리라는 의도와 함께 땅에 묻힌다. 타임캡슐은 사진, 신문, 책, 시민들의 (A)[소속/**소지품**]과 같은 (B)[**내용물**/목차]로 채워진다. 이 물품들은 미래의 고고학자들, 인류학자들 또는 역사학자들로 하여금 시대상과 (C)[일시적인/**동시대사람들**]을 이해하도록 도와준다.

해설

contemporary는 contemporary art(동시대예술; 현대미술)라고 외워두면 좋다.

실전 연습

1 ④ 2 ① 3 ⑤ 4 ②

1

현대영어의 이스터라는 용어는 앵글로색슨의 새벽의 여신 에오스터의 이름에서 유래하였다. 부활절 축제를 (A)[관측/**지냄**] 지내는 것은 드루이드교라 불리는 유럽토착종교의 전통이다. 부활절은 (B)[점성술/**천문학**]에서 춘분 다음에 온다. 유럽에 상륙한 초기 기독교 집단들은 부활절이 유럽의 토착종교적 뿌리 때문에 부활절을 말살시키려 하였다. 그러나 부활절이라는 토착종교적 (C)[**관습**/세관]은 새로운 외래종교[기독교]에 차용되고 채택되었다.

해설

접두어 astro—는 '별'이라는 뜻이다.

2

신세계의 초기 정착자들은 나무로 지은 집에 살았다. 그들은 자신들의 전통에 기초하여 목조건물을 지었지만 재료, 기후, 지형에 맞게 적응시켜 지었다. 이민자들이 세계 각지로부터 신세계에서 (A)[인생/**생계**]를 잇기 위해 왔다. 그래서 미국의 역사적으로 유명한 집들의 형태는 다양하다. (B)[**판자**/배를 타고]로 틀을 짠 통나무집과 널빤지집이 보통이었다. 초기 정착민들은 재목을 판자로 켜기 위해 많은 (C)[고통/**수고**]를 해야만 했다. 돌과 벽돌로 지은 건물도 역시 인기 있었다.

해설

make[earn, get] a[one's] living 생계비를 벌다, 생계를 이어가다

3

마녀는 예언을 하는 것으로 믿어졌다. 그녀의 (A)[**예언**/예언하다]이 적중했다.   아마도 마녀의 가장 명백한 특징은 주문을 걸 수 있는 능력이었다. 주문은 마술작용을 이행할 수 있는 (B)[평균치/**수단**]이다. 유럽에서 암흑시대에 수많은 죄 없는 여자들이 마녀로 죄를 쓰고 화형 당했다. 심지어는 과학, 특히 (C)[점성술/**천문학**] 조차도, 반종교적이라고 비난을 받았다. 마술혐의로 처형당한 죄 없는 사람들의 수에 대한 현재의 통계수치는 14만 명에 이른다.

해설

(A)명사 · 형용사는 /s/, 동사는 /z/로 발음된다.

4

주판은 아마도 바빌로니아나 중국에서 기원한 계산장치이자 현대 컴퓨터의 조상이다. 그것은 너무나 광범위하고 효율적인 계산 (A)[**방식**/예절] 이어서 그것을 배우는 것은 (B)[불평하다/**불평**] 할 수 없는 것이었다. 덧셈을 할 때 아래칸에 있는 네 개의 구슬이 다 차면 윗칸에 있는 (C)[**홀수**/유리한 조건]를 나타내는 구슬이 가로막대쪽으로 움직여진다. 일반적으로 커다란 계산판의 형태로 되어있는 주판이 보편적으로 사용되었다.

해설

(B)동사어미에 't'가 붙는 명사형이 있다.
complain → complaint, retrain → restraint

유형 연습

정답

1 ①   2 ③

1

나의 15살 된 딸이 처음으로 시간제 일자리를 찾고 있었다. 많은 구인광고에 전화했으나, 그녀의 연령제한 때문에 거절당하자 실망감이 (A)[**올라가다**/엿보다] 고조되었다. 그녀는 다음 번 전화부터는 중요한 문제를 먼저 해결하겠다고 마음먹었다. "(B)[**미성년자**/광부]도 고용하시나요?" 그녀가 물었다. 전화 받는 상대방은 그녀의 질문에 혼동했음이 (C)[**명백했다**/평면]. 몇 초 동안 침묵이 흐른 후 대답이 흘러나왔다. "왜요? 지하에서만 일하시나요?"

해설

동음이의어는 문맥으로 판단하는 것이 키 포인트이다.

2

내가 복싱을 시작하고 그리고 나서 프로로 전향하기로 결정했을 때 그것은 정말로 좋은 (A)[운반인/**직업**] 선택은 아니었다. 충분한 경기가 없었다. 비록 내가 대부분의 경기와 상금을 쟁취했지만 나는 그것으로는 (B)[인생/**생계**]를 잇지 못하고 있었다. 그래서 나는 곧 아마도 다른 어떤 것을 해야겠다고 생각했다. 내가 복싱해설자에게 늘 초점을 맞추고 있었기 때문에 어떤 시점에는 복싱에 관한 책들을 쓰리라고 생각했다. 그것이 내 인생의 전기가 되었다. 출판을 한 이래로 그것은 날개돋친 듯이 팔리고 있다; 그것은 (C)[항해/**판매**] 중이다.

해설

on sale 판매 중

정답

1 ② 2 ⑤ 3 ④ 4 ①

1

전화로 장신구를 판매하는 일을 하던 중, 나는 매우 헷갈리는 전화에 말려들게 된 적이 있었다. 최근에 내가 어떤 번호로 전화를 했는데, 한 **(A)[남성**/우편] 목소리가 전화를 받았다. 나는 '댁의 사모님'과 통화 할 수 있느냐고 물었다. 슬프게도, 그 남자는, " 내 아내가 **(B)**[죽어 가는/**염색 중인**] 염색 중이어서 아무와도 통화할 수 없소" 라고 대답했다. 내가 매우 유감이라고 말하자, 그는 계속해서 말했다, "나도 그렇다오. 나는 그녀가 금발인 채로 있기를 원한다오. 나는 그녀의 검은머리가 그녀의 얼굴을 **(C)[창백한**/들통] 창백하게 보이게 될 거라 생각된단 말이오."

해설

die(죽다)의 현재분사형은 dying,
dye(염색하다)의 현재분사형은 dyeing임에 유의할 것.

2

마이크는 곧 생일을 맞이하게 된다. 그의 친구들은 그에게 생일선물을 줄 계획이다. 제인과 캐시는 그에게 과자를 구워주기로 결정했다. 그들은 요리책을 찾아보고 과자를 위한 좋은 요리법을 찾아냈다.
"좋아, 시작하자", 라고 캐시가 말했다.
"자, **(A)[밀가루**/꽃] 두 컵과 우유를 그릇에 부어줘, 그러면 내가 반죽을 할거야. **(B)[반죽덩어리**/임사슴]를 넣어서 만들어야 겠이,"라고 제인이 말했다.
제인도 역시 **(C)**[사막/**후식**] 디저트로 과일 아이스크림을 만들기 시작했다.

해설

desert(사막)과 dessert(후식)은 혼동하기 쉬우므로 정확히 외워둘 필요가 있다.

3

어느 토요일에 Robert는 그의 아내 Barbara와 함께 백화점에 물건을 사러 갔다. 그 날은 세일의 **(A)**[살짝 엿보다/**정점**]에 이르러있었다. 너무나 많은 사람들이 있어서 그들은 **(B)**[정지한/**문방구**] 코너 앞에서 헤어지게 되었다. 그는 그의 아내를 백화점 각 층에서 찾아보았으나 **(C)**[**헛수고인**/정맥] 헛수고였다. 그는 마침내 안내 데스크로 가서: "도움이 필요합니다. 제 아내를 방금 잃었어요…." "오, 알겠습니다. 상복 코너는 이층 왼쪽에 있어요."라고 그 젊은 여자는 정중하게 말했다.

(B) pen은 문구점에서 산다. pen의 'e'가 stationery에도 똑같이 들어있다.

4

그 록 스타는 음악과 작곡을 **(A)**[**정식으로**/이전에는] 배우거나 교육받지 못했지만, 그는 많은 사람들의 가슴속에 시대의 우상으로 등극했다. 사람들은 여전히 그와 그의 밴드그룹이 이룩한 록음악의 제단에 꽃을 바친다. 비록 많은 가수들이 **(B)**[**정당한**/요금] 인정을 받지 못했지만, 그는 부와 명성을 만끽하였다. 그의 자녀들에게 남겨진 그의 사업도 그의 명성 덕택으로 잘 운영되고 있다. 사람들은 여전히 그의 뛰어난 음악적 재능과 업적에 대해 **(C)**[**찬양하다**/보충하다] 찬양하고 있다.

supplement 부록, 추가; 보충하다와 같이 '보충하다'는 어미가 '-ement'로 끝난다.
complement=supplement

활용형을 혼동하기 쉬운 동사들

유형 연습

정답

1 ① 2 ⑤

1

아프리카에서 가장 높은 산인 킬리만자로는 케냐와 탄자니아의 국경지대에 해발 약 2만 피트 높이로 **(A)**[**솟아있다**/올리다]. 그 산은 적도 가까이에 **(B)**[**놓여있다**/놓여지다] 놓여있지만 산 정상이 일년 내내 눈으로 덮여있어서 유명하다. 킬리만자로라는 말은 스와힐리어로 '빛나는 산'이란 뜻이다. 그 산기슭에 사는 원주민들은 커피와 바나나와 같은 열대작물을 **(C)**[올라가다/**기르다**] 기른다.

해설

(A) 킬리만자로 산이 솟아있다 Kilimanjaro rises ～,
(B) 그것이 놓여있다 it lies ～,
(C) 작물을 기르다 raise crops ～.

2

우리가 그 저택에서의 호화스러운 만찬에 초대받았을 때, 나는 매우 기뻤다. 만찬장에 놓여있는 웅장한 오크식탁에는 50명을 **(A)**[앉다/**앉히다**] 앉힐 수 있었다. 길게 마주보고 있는 양쪽의 두 좌석은 주인과 여주인이 앉을 자리였다. 주인과 여주인이 **(B)**[**앉다**/앉히다/] 앉았을 때, 손님들도 앉았다. 그 만찬장에서 유일한 어린아이였던 나는 어머니 옆에 **(C)**[앉다/**앉히다**] 앉혀졌다.

해설

sit 앉다(자동사)와 seat 앉히다(타동사).
The grand oak table ～ could seat 50 people.

실전 연습

1 ②　2 ⑤　3 ③　4 ④

1

6시 정각. 해가 (A)[**떠오르다**/올리다] 떠오를 때, 육군사관학교 의장대가 연병장에 도착하여, 게양대로 다가가 국가에 맞추어 성조기를 (B)[떠오르다/**올리다**] 올린다. 1802년 (C)[발견된/**설립된**] 웨스트 포인트 미 육군사관학교는 뉴욕 시 북방 50마일 지점에 위치하고 있다. 육군사관학교는 Hudson강변에 위치해 있으며 그 캠퍼스 부지는 육군 지정보호지역 안에 놓여 있다. 모든 생도는 (D)[올리다/**발생하다**] 발생할 수 있는 어떠한 긴급사태에도 국가를 위해 헌신하도록 배운다.

해설

find(발견하다)—found—found,
found(세우다, 설립하다)—founded—founded

2

캘리포니아주의 아메리칸 강에서 제재소를 짓고 있던 한 고용된 일꾼이 강바닥에 (A)[눕히는/**놓여있는**] 반짝이는 금 덩어리를 발견했다. 곧 캘리포니아에서 금이 발견되었다는 소식은 급속히 (B)[**퍼졌다**/철자 틀림].

1849년 거의 십 만 명에 이르는 사람들이 재산을 모으려고 서부로 갔다. 곧 수많은 금광들이 도처에 우후죽순처럼 (C)[발견되었다/**세워졌다**]. 이것이 그 유명한 캘리포니아 골드러시이며 그곳에 간 사람들은 포티나이너즈[한 몫 잡으려 몰려든 사람들]라고 불린다.

해설

(A) lie(~에 놓여있다)의 현재분사형은 lying

초고층빌딩들은 마천루라 불린다. 마천루는 마치 하늘을 문질러 긁거나 찌르는 것처럼 보이는데 세계에서 관광명소가 되었다. 1974년에 세워진 시카고의 씨어즈 타워는 443미터 높이로 (A)[**솟아있다**/올리다]. 한때 그것은 세계에서 가장 높은 건물이었다. 현재 그것은 토런토에 있는 캐나다의 내셔널 타워(553m), 모스크바에 (B)[위치시키다/**위치하다**] 위치하고 있는 오스탄키노 타워(537m), 상하이에 위치하고 있는 오리엔털 펄 타워(467m), 그리고 말레이시아 콸라룸푸르에 (C)[놓다/**놓여있다**] 놓여있는 페르토나스 타워(452m)에 이어 5번째로 높은 건물이다.

해설

(건물 등이) ~에 있다, ~에 위치하다 = lie; stand; be situated; be located

④

그것은 무착륙 야간비행이었다. 밤하늘을 비행하며 나는 때때로 내 비행기의 조종석 유리덮개 밖으로 북극성을 올려다보았다. 넓은 바다는 달빛 아래서 반짝이며 아득히 멀리 펼쳐져 있었다. 나는 깜빡 졸았다. 꿈속에서 나는 어머니가 내 외투에 단추를 (A)[씨뿌리다/**바느질하다**] 달아주시는 것을 보았다. 나침반에 의해 나는 파리로 (B)[철자 틀림/**인도하다**] 인도되었다. 다음날 아침 내가 들판에 착륙하자마자 무수히 많은 환영하는 사람들에 의해 둘러싸였다. 나는 파리시민들로부터 이렇게 열렬한 환영을 받을 줄은 몰랐다. 나는 너무나 큰 기쁨에 눈물을 (C)[**터뜨리다**/철자 틀림] 터뜨렸다.

해설

burst(터지다)는 A-A-A 형이다.

유형 연습

정답

1 ② 2 ③

1

우리 할아버지는 그의 사업을 맨손으로 시작하셨다. 현재 그는 억만장자이다. 비록 그가 대단한 재산가이지만 그는 여전히 소박한 삶을 사신다. 그는 나에게, "우리는 (A)[목마른/**검약하는**] 검약해야 하며 어려운 때에 대비해서 저축해야 한다"라고 말씀하신다. 그는 여전히 (B)[산업의/**근면한**] 근면하시다. 그는 보통 아침 4시에 일어나 강을 따라 조깅하러 가신다. 그리고 그는 실로 드시는 음식에 (C)[**분별력이 있는**/감각적인] 분별력이 있으셔서 결코 과식하거나 정크푸드에는 손도 대지 않으신다.

해설

(C) 형용사 어미 '–able, –ible'는 '할 수 있는 능력'을 나타내고, '–ous'는 '상태'를 나타낸다.

2

수카르노 가족은 오랫동안 어부였다. 그들은 홀로 있는 것을 좋아해서 외진 지역에서 (A)[**고립된《한정용법》**/홀로《서술용법》] 삶을 살았다. 어촌의 사람들은 한가한 어부들과 관광객들이었다. 쓰나미가 근처 해변마을에 있는 모든 (B)[살아있는《서술용법》/**살아있는《한정용법》**] 것들을 싹 쓸어가고 있을 때 그들은 깊이 잠들어 있었다. 관광객들 중의 한 (C)[나쁜/**병이 난**] 아이는 개들이 짖는 소리를 듣고서 완전히 깨어있었다. 그들은 마치 무엇인가에 놀란 듯 안절부절못하고 움직였다. 그는 다음날 그 놀라운 소식을 듣고 나서야 비로소 그 이유를 알았다.

해설

주로 alone, alive와 같이 'a–'가 붙는 형용사는 명사를 직접 수식하지 못하고 서술용법(보어)로 쓰인다.

정답

1 ⑤ 2 ③ 3 ① 4 ④

1

오키나와 노인들은 장수와 활동적인 삶으로 잘 알려져 있다. 오키나와인 부부 Niitz씨(105세)와 그의 아내(102세)가 이 경우이다. 그들은 여전히 과거에 그러했던 것처럼 원기 왕성하고 근면하다. 그들은 생선, 두부, 신선한 채소, 짙은 된장국과 같은 (A)[건강한/**건강에 좋은**] 음식을 먹는다. 그들은 진한 차와 약한 술을 즐긴다. 오키나와의 해산물들은 그 각각의 방식으로 요리된다. 사람들은 이들 부부를 (B)[존경할만한/**존경하는**] 존경한다. 그들의 행복하고 (C)[**바람직한**/몹시 바라는] 생활방식 때문이다.

해설

People are respectable 사람들은 존경스럽다

2

그의 4대 비극 이외에도, William Shakespeare는 (A)[역사적으로 유명한/**역사(상)의**] 사극들을 썼다. 그는 (B)[상상할 수 있는/**창작력이 풍부한**] 극작가였다. 그는 용이나 유니콘과 같은 상상의 동물들을 포함한 모든 상상의 소재를 사용했다. 그의 작품들이 매우 성공적이었기 때문에 그의 책들은 비쌌다. 그의 책들의 가격은 400년 간이나 연속으로 (C)[비싼/**높은**] 높았다. 그의 상당히 많은 액수의 수입은 그로 하여금 호화로운 저택에서 실게 해주었다. 비록 부유했지만 그는 가난한 사람들에 대해 사려 깊었으며 돈을 경멸했는데, 그러한 점은 그의 유명한 연극 '베니스의 상인'에 나타나 있다.

해설

사극(史劇)은 a historical play[drama]로 외워두면 좋다.

3

지하철노조 운전사들은 3일간 연속으로 파업해오고 있다. 파업은 대부분의 엔지니어들을 (A)[게으른/**일이 없어 한가한**] 할 일이 없게 했다. 교통량이 너무나 (B)[**격심하게 많은**/붐비는] 격심하게 많아서 시민들은 붐비는 버스와 지하철을 불평하고 있다. 시장은 분별 있는 해결책을 필요로 하고 있다. 그는 경제적 견지에서 볼 때 자동화된 교통 시스템이 보다 경제적이라고 생각하고 있다. 더구나 자동화 시스템은 기존시스템을 많이 리모델링하지 않고 즉시 (C)[실용적인/**실행 가능한**] 실행 가능하다. 시민들은 자동화 시스템을 채용하기를 갈망하고 있다.

(B) a heavy traffic 격심한 교통량

4

핵 방사능이 사람과 다른 생물에 어떤 질병들을 유발시키는 것은 확실하다. 고(故) 김영훈은 그가 백혈병에 걸렸다는 나쁜 소식을 들었다. 그 (A)[나쁜/**아픈**] 인부는 단지 6개월을 더 살았다. 핵발전소 인부들은 가난하고 일본정부가 하는 말에 (B)[믿을 수 있는/**잘 속는**] 잘 속아넘어갔다. 그들은 그렇게 (C)[**상당히 많은**/사려 깊은] 양의 방사능에 노출될 수 있으리라는 것을 알지 못하였다. 파업에 참석한 인부들은 현재의 문제가 해결되지 않은 채 남게되면 더 많은 희생자가 있으리라고 두려워하고 있다.

(C) a considerable amount(상당히 많은)으로 외워두자.

유형 연습

정답

1 ③　2 ②

1

노동자들은 실업을 (A)[매우/**무척**] 두려워한다. 게다가 그들은 항상 매우 피곤함을 느낀다. 일자리를 얻는 것은 매우 좋지만, 일자리에서 안정성을 얻는 것이 그보다 (B)[매우/**훨씬**] 더 바람직하다. 더 나쁜 것은 직업안정성이 높은 수입을 얻는 것을 의미하지도 않는다. 그들에게 승진은 매우 흥미롭다. 그러나 최근 몇 년에 걸쳐 노동자들은 억지로 전보다 (C)[매우/**훨씬**] 일찍, 어떤 경우에는 40세나 50세에, 퇴직하도록 압력을 받는다.

해설

(A) 서술용법으로 쓰이는 형용사

afraid, alike, ashamed, asleep, awake, aware, fond 등에는 much로 수식한다.

2

옛날 농업사회에서는 노인들은 그들의 축적된 경험 때문에 (A)[높이/**대단히**] 대단히 존경을 받았다. 사람들은 다른 정보의 원천을 (B)[열심히/**거의 ~않다**] 거의 얻을 수 없었다. 그러나 현대의 급변하는 산업사회에서는 과거의 기술과 지식은 거의 가치가 없다. 오늘날 우리는 (C)[공정한/**상당히, 꽤**] 상당히 짧은 시간에 막대한 양의 정보를 얻을 수 있다. 새로운 정보는 너무나 중요해서 어떤 인터넷 사이트들은 정보를 싸게 사서 비싸게 판다.

해설

(C) fair는 공정한; 공정하게, fairly는 상당히, 꽤

실전 연습

1 ① 2 ⑤ 3 ④ 4 ③

1

보석박람회에서 상당히 다양한 종류의 보석들이 (A)[**공정하게**/상당히, 꽤] 전시되고, 감정 평가되고 거래되고 있다. 특히 페르시아 만에서 생산되는 동양진주는 높은 품질 때문에 (B)[높이/**비싸게**] 평가되고 있다. 그곳의 원주민들은 천연진주들을 (C)[**비싸게**/극진히] 팔고 아주 소중히 여기는데, 그것은 천연진주가 거의 발견되지 않으며 얻기도 힘들기 때문이다. 고객들은 진주가 어떻게 생겨나는지 그리고 진주를 얻기 위해 사람이 얼마나 깊이 잠수해야 하는지를 듣고서 깊이 감동을 받는다.

dear 비싼; 비싸게, dearly 극진히

2

청중들은 모두 깊은 감명을 받았다. 다음날 아침 Rio de Janeiro 의 모든 신문들은 이 19세의 이탈리아인 지휘자를 (A)[높이/**대단히**] 격찬했다. 그의 성공은 매우 놀라운 것이었으며 유럽인들에 의해 (B)[매우/**대단한**] 찬탄을 받았다. 무명의 첼로연주자가 (C)[**하룻밤 사이에**/전치사 붙일 수 없음] 세계적으로 유명하게 되었다. 이탈리아로 돌아온 후, Toscanini는 그 나라 최고의 지휘자로서 입지를 굳히게 되었다. 1898년, 그는 세계에서 가장 유명한 오페라 하우스인 이탈리아 밀라노의 La Scala 의 지휘자 자리를 인수해 달라는 요청을 받았다.

overnight(하룻밤 사이에)가 부사로 쓰일 때는 전치사를 붙일 수 없다.
an overnight millionaire 벼락부자, 졸부

3

세계적인 석유공급량은 급속하게 (A)[**부족한**/곧] 부족해지고 있다. 미국은 여전히 세계 최대의 석유 소비국이다. (B)[늦은/**최근에**] 최대의 수요증가를 보이는 나라는 중국과 사우디 아라비아이다. 급속하게 증가하는 전기구동차량의 사용은 가솔린 차량의 몰락을 가속시키고 있다. 그러나 아직 재래식 휘발유 자동차에 대한 수요는 (C)[**매우**/예쁘게] 크다. 현재 전기 자동차의 시장 점유율은 (D)[현재/**곧**] 21%로 증가할 것이다.

> **해설**

run short ～이 부족해지다, 바닥나다

4

어제 오후에는 날씨가 매우 추웠다. Tom은 우리에게 그가 날씨가 너무 추워서 스케이트 타기를 즐기기가 거의 힘들다고 말했다. 그는 우리에게 우리 집으로 가서 몸을 좀 녹이자고 제안했다. 그의 제안은 시기 적절했다. 우리는 (A)[집, 가정-부사/**우리 집-명사**]으로 갔다. 내 여동생이 내 어질러진 방을 정돈했다. 그녀가 훨씬 더 사랑스러워 보였다. 그리고 그때 내가 일간신문에서 텔레비전 프로그램을 보고 있을 때 Maggie와 Jane이 "그 호화쇼가 얼마나 (B)[**일찍**/빨리] 시작하니?"라고 물었다. 엄마가 소리치셨다, "저녁이 준비되었다. (C)[**아래층으로**/전치사 쓸 수 없음] 내려와라."

> **해설**

soon은 시간 상 '곧', quickly는 동작, 행위를 '빨리'

유형 연습

정답

1 ④ 2 ①

1

지난 100년 동안 재래식 내연기관 자동차가 세계 자동차 산업에서 독점을 구가해왔다. 그러나 고유가, 공기오염, 온실가스 때문에 사람들은 전기 자동차가 가솔린엔진 자동차에 비해 우월한 (A)[**장점**/단점], 즉 저렴한 에너지원과 청정한 공기에 주목하기 시작했다. 급속하게 증가하는 전기구동차량의 사용은 가솔린 차량의 (B)[융성/**몰락**]을 가속시키고 있다. 배터리와 동력관리기술에서의 진보 덕택에 전기차량에서 얻는 (C)[**이익**/손실]은 명확하게 입증되었다.

해설

(A) merits and demerits(장점과 단점; 장단점)은 관용어처럼 외워두자.

2

우리가 높은 고도에서 숨쉬기 어려운 이유는 우리가 높이 올라갈수록 기압이 (A)[증가하다/**감소하다**] 감소하기 때문이다. 이것이 우리가 숨을 들이쉴 때에 우리의 폐로 (B)[더 많은/**더 적은**] 양의 산소가 들어가게 하는 결과를 낳는다. 공기 중 산소 수준은 약 21%인데, 이것은 우리가 지상 어디에 서있던지 상관없이 변화하지 않는다. 우리 몸의 산소 섭취량의 변화를 일으키는 것은 기압이다. 산소섭취량을 증가시키는 한 가지 방법은 압력 호흡법이다. 폐가 팽창할 때까지 심호흡을 하라, 그리고 가능한 한 많은 이산화탄소를 힘주어 (C)[들이쉬다/**내쉬다**] 내쉬라.

해설

(C) 서로 반대되는 의미의 접두어 in─(들어오다)와 ex─(나가다)를 함께 외워두는 것이 좋다.

정답

1 ③   2 ②   3 ⑤   4 ③

1

내가 그 섬의 정상에 섰을 때, 끝없는 해변이 눈앞에 (A)[접었다/**펼쳐졌다**] 전개되었다. 어느 폭풍우가 몰아치는 날, 번개의 섬광이 번쩍이고 나서는 천둥이 크게 울렸다. 갑자기 내 머릿속에 무시무시한 생각이 스쳤다. 만일 번개가 화약을 친다면 모두가 폭발할 것이며, 그렇게 되면 나에게는 나 자신을 방어하기 위한 것이 아무것도 남지 않게 될 것이다. 폭풍우가 끝난 후 나는 서둘러서 상자들을 만들었다. 나는 화약을 소량으로 (B)[**나누었다**/합했다]. 그리고 각 상자에 (C)[**양**/질] 소량씩 넣었다.

해설

(C) prefer quality to quantity 양보다 질을 택하다

2

낙엽수는 태양열과 냉각을 통제하는 수단으로서 적합하다. 건물의 남쪽에 심으면 낙엽수의 잎이 여름에는 그늘을 제공해주고, 한편 겨울에는 벌거벗고 잎이 없는 나무가 빛이 통과하도록 (A)[**허용하다**/방해하다] 허용한다. 낙엽수는 태양광의 이용을 방해하기 때문에 (B)[적은/**많은**] 연료비가 드는 기후에서는 활엽수를 남쪽에 심어서는 안 된다. 그러나 동쪽과 서쪽에서는 아주 훌륭한 방식의 (C)[**자연의**/인공의] 닝각시스템으로서 여름 차광을 제공하도록 이용될 수 있다.

해설

(C) natural[real] flower 생화 ↔ artificial flower 조화

원주율 파이(π)는 앞 부분 숫자를 3.14159로 시작하며 그 숫자가 끝없이 계속된다. 수학자들에게 있어서 최대의 난점은 단순히 파이가 (A)[유한한/**무한한**] 무한대의 자릿수이기 때문이다. 그것이 바로 수학자들이 파이를 그들의 능력의 척도로 여겨왔으며, 심지어는 오늘날에도 그것이 수학자들에게 하나의 (B)[쉬운/**어려운**] 시험으로 남아있는 이유이다. (파이의 값을 계산한) 이전의 세계 기록은 2억1백만 자리까지였다. 오늘날 몇몇 (C)[보통의/**비범한**] 수학자들은 그들이 4억 8천만 자리까지 파이를 계산해 냈다고 주장하며, 세계신기록을 차지했다고 [세계 신기록을 세웠다고] 주장했다.

해설

extraordinary(뛰어난, 비범한)은 약칭으로 XO로 쓰기도 한다.

석유가격이 (A)[비싼/**높은**] 것은 바로 석유에 부과되는 극히 높은 세금 때문이다. 산유국에서의 정치적 (B)[안정/**불안정**]도 안정된 석유공급에 대한 염려를 일으키게 한다. 그러나 비싼 석유의 종말이 가깝다. 지역의 공기오염과 온실가스배출을 줄이기 위한 사회적 필요와 압력이 한때의 검은 황금[석유]에 대한 의존을 (C)[장려하다/**용기를 꺾다**] 단념시키고 있다. 더구나 효율적인 자동차 배터리의 개발 덕택에 전기 차는 점점 더 대중화되고 있다.

해설

Oil is expensive=The price of oil is high.
석유는 싸거나 비싸다. 석유가격은 높거나 낮다. 가격이 비싸다는 표현은 옳지 않다.

유형 연습

정답

1 ② 2 ② 2 ③

1

앙리 뒤낭은 Solferino 전장의 참상을 보고 **견딜 수** 없었다. 그리고 그것이 그로 하여금 적십자를 설립하게 했다.

1. 나르다: 그는 그 짐을 들고는 우체국으로 가져갔다.
2. (몸에) 지니다: 그 책에는 그 저자의 서명이 있다.
3. 참다, 견디다: 나는 담배 연기 냄새를 견딜 수 없다.
4. 지탱하다: 호수 위의 얼음이 당신의 몸무게를 지탱할 수 있을까요?
5. 낳다: 그녀는 그의 애를 셋 낳았다.
6. 생산하다: 그 사과나무에는 해마다 많은 열매가 열린다.

해설

비참한 상황을 보고서 "견딜 수 없었다".

2

1. 더 많은 부를 창출하거나 사업을 시작하기 위한 돈과 기술: 그는 10,000 달러의 **자본(금)**을 가지고 그의 사업을 시작했다.
2. 정부의 중심이 있는 도시: Albany는 뉴욕 주의 **수도**이다.
3. 알파벳의 큰 문자: 네 이름의 첫 글자를 **대문자**로 써라.

해설

capital은 자본금, 수도, 대문자의 뜻이 있다.

3

1. 한 사람, 사물 또는 장소를 독특하게 만드는 특성: 사막의 한 가지 **특성**은 고온 건조한 기후이다.
2. 책의 등장인물: 무법자가 그 영화의 주역[주요 **등장인물**]이다.
3. 기록에 사용되는 문자: 한자[중국 **문자**]는 마치 그림처럼 보인다.

해설

영화의 주연은 the main character라고 한다.

정답

1 ④ 2 ③ 3 ① 4 ⑤ 5 ② 6 ③

1

많은 위대한 발레리나들 중에서 Anna Pavlova 는 금세기 최고의 발레리나로 **여겨져** 왔다.
1.세다, 계산하다: 10 까지 세고 나서 눈을 떠라.
2.합계하다: 그의 저축은 상당한 액수에 이르렀다.
3.포함시키다, 셈에 넣다: 그 택시 안에는 아이들을 포함해서 5명의 승객이 있었다.
4.생각하다, ~으로 간주하다: 도울 수 있음을 영광으로 생각합니다.
5.중요성을 지니다: 1분인들 소홀히 할 수 없다.

해설

주어가 사람이므로 '세다',' 합계하다' 등을 먼저 제외하면 더 쉬워진다.

2

1.변화, 교체: 우리가 패배하지 않으려면 무능한 지도부의 **교체**가 필요하다.
2.변화나 자극 등을 위한 기분전환: **기분전환**을 위해 멋진 식당으로 식사하러 갑시다.
3.소액의 돈: **잔돈**이 얼마나 있니?

해설

go for a change 기분 전환하다

3

1.한 사람 또는 여러 명의 손님: 상을 차려라. **손님**이 오시기로 되어 있다.
2.다른 사람 또는 사람들과 함께 함: 파티에서 당신과 **함께 해서** 즐거웠습니다.
3.동료; 함께 시간을 보내는 사람들: 사람의 됨됨이는 그가 사귀는 **친구**를 보면 알 수 있다.

해설

company에는 '중대'라는 뜻도 있다.

4

대부분의 화가들은 그 자신이 창조한 작품을 **낳기** 전에 다른 사람들의 작품을 모방하는 시기를 경험하게 된다.
1.교부[인도]하다: 응시 원서는 요청하기만 하면 무료로 교부된다.
2.배달하다: 그 잡지는 매주 우편으로 배달된다.
3.연설하다: 그가 모임에서 개회 연설을 했다.
4.해방시키다: 우리를 유혹에 들지 않게 하시고 악에서 구하소서.
5.분만[해산]시키다: 의사가 그녀의 아이를 받았다.

해설

어머니가 아기를 분만하듯이 화가는 작품을 낳는다는 비유.

5

1.지불을 요구하다: 그 호텔은 관광객들에게 하루에 $100를 **요구할** 것이다.
2.의무나 책임을 부과하다: 위원회는 그에게 그 공장을 관리하도록 **임무를 맡기**기로 결정했다.
3.총이나 배터리를 장전[충전]하다: 전기 차의 배터리를 **충전**하는데는 오래 걸리지 않는다.

해설

charge는 '~을 싣다'라는 의미에서 다의어가 파생됨.

6

1.보호하거나 감추기 위해 어떤 것을 놓다: 에스키모인들은 그들의 몸을 모피코트로 **덮는다**.
2.어떤 사건이나 상황의 세부사항을 보도하다: 우리의 우수한 기자들 중의 한 명이 그 사건을 **보도할** 수 있었다.
3.먼 거리를 가다: 그 차량은 한 시간에 100km를 **주파할** 수 있다.

해설

cover는 넓은 지역에 포괄적인 영향을 줄 때 쓰임.

9일 다의어(polysemy)의 뜻 파악하기 II

유형 연습

정답

1 ⑤ 2 ① 3 ②

1

제6회 올림픽 경기는 1차 세계 대전에 의해 연기되었으나, 1920년 벨기에에서 제7회 올림픽이 다시 **열렸다**.

1.붙잡다: 그가 내 팔을 잡았다.

2.생각하다: 나는 그의 실패는 그의 게으름에 기인한다고 생각한다.

3.계속 유지하다: 그 사원의 지붕은 강한 원주로 지탱되어 있다.

4.제지하다: 경찰조차도 성난 군중들을 제지시킬 수 없었다.

5.(법률 따위가) 효력이 있다: 그 규정들은 새로운 규정으로 대체될 때까지 유효하다.

6.열다, 개최하다: 이사회의 모임은 2주마다 열린다.

해설

주어가 올림픽 경기이므로, '열다, 개최하다'의 뜻으로 해석.

2

1.부정직이나 불공정하지 않은; 정당한; 축구에서 다른 선수들을 걷어차는 것은 **정당**하지 못하다.

2.상당히 좋은: 그녀의 프랑스어 지식은 **상당**하지만 완벽하지는 않다.

3.아름다운, 매력적인, 사랑스러운: 그 오래된 민요는 어느 **아름다운** 숙녀와 그녀의 연인 사이의 사랑에 관한 것이었다.

해설

fair는 '좋은, 정직한, 아름다운' 등의 의미로 쓰임.

3

1.관심, 호기심, 흥미: 나는 한국 정치에는 **관심**이 없다.

2.이익, 이득: 지금 그 일을 하는 것이 너에게 **이익**이다.

3.돈을 사용하는 대가로 지불하는 이자: 아이슬란드 정부는 시민들에게 무**이자**로 돈을 빌려준다.

해설

capital은 자본, interest는 이자

1 ② 2 ① 3 ③ 4 ⑤ 5 ③ 6 ②

1

르네상스 시대의 화가들은 **인물의 모습**을 특정한 기하학적 형태에 맞추었다. 즉, 성모상은 피라미드형 구도로, Botticelli의 그림은 원형 구도였다.
1.숫자; 자릿수: 미국인의 사회보장번호는 7자리 숫자이다.
2.계산: 그는 계산에 능숙하다.
3.모습; 형상: 그녀는 호리호리한 몸매를 지니고 있다.
4.도형; 도표: 교과서들은 보통 이해를 돕기 위해 도표를 채택한다.
5.반복적인 무늬나 도안: 그녀는 물방울무늬의 스커트를 입고 있었다.
6.중요 인물, 저명 인사: 마하트마 간디는 인도 역사에 있어서 종교적으로 정치적으로 중요한 인물이었다.

해설

화가들이 그린 인물화이므로 사람의 모습이나 형상임을 미루어 짐작할 수 있다.

2

1.구속이나 속박을 받지 않는: 그는 시골로 이사했을 때 **자유로움**을 느꼈다.
2.무료로, 공짜로: 우리는 그 연주회에 무료로 갈 수 있다. 나에게 **무료** 입장권이 있으니까.
3.한가한, 일이 없는: 조금만 기다려라. 10분이면 **일이 끝날** 것이다 .

해설

무료티켓은 free ticket

3

1..합류하다: 그 두 고속도로는 보스턴 북쪽에서 **합류한다**.
2.직면하다, 대처하다: 그는 그 상황에 **대처할** 좋은 방법을 발견했다.
3.(필요 · 요구조건을) 충족시키다: 그들은 증가하는 주택 수요를 **충족시키기** 위해 공급을 늘이는데 실패했다.

해설

meet the demand 수요를 충족시키다

④

피해를 입지만 않는다면 인공 위성에 장착된 태양 전지는 영구적으로 **유효하다[쓸 수 있다]**.
1.좋은, 훌륭한: 무소식이 희소식이다.
2.선량한, 착한: 손님들이 집에 오시거든 얌전하게 굴어라.
3.친절한: 그는 친절하게도 정거장으로 가는 길을 가르쳐 주었다.
4.유능한, 능숙한: 그는 언어에 유능하며 영어를 가르치는 데 능숙하다.
5.유효한, 효력이 있는: 이 티킷은 1개월 간 유효하다.
6.충분한, 상당한: 그것은 제법 힘드는 일이었다. 꼬박 하루는 걸리는 일이었다.

> **해설**

수명이나 사용 기간을 의미하고 있는 점에 착안하라.

⑤

1.못보고 지나치다: 그 상점은 일층에 있다. **못보고 지나 칠** 수 없다.
2.그리워하다: 내가 집을 떠난 지 10년이 되었다. 나는 가족이 **그립다**.
3.빠뜨리다: 선적해야 할 물품을 **빠뜨리지** 않도록 물품목록을 주의해서 읽어 보라.

> **해설**

miss의 다양한 의미는 '빗나가다'에서 파생되었다.

⑥

1.주의해서 관찰하다: 천문학자들은 천체가 어떻게 움직이는지 **관찰한다**.
2.지키다, 준수하다: 노동자들은 그들의 안전을 위해 안전규칙을 **준수해야** 한다.
3.말하다, 진술하다: 의장이 그 계획에 관해 **말할** 것이다.

> **해설**

observe 관측하다 → observation 관측, 관찰
observe 준수하다 → observance 준수

유형 연습

정답

1 ④   2 ③   3 ②

1

BBC 방송 채널은 비영리 방송이다; 즉 BBC TV를 **운영하는** 돈은 텔레비전을 소유하는 시민들로부터 나온다.
1.작동[가동]하다: 엔진이 작동 중일 때는 손대지 마시오.
2.연속 상연되다: 그의 뮤지컬은 뉴욕에서 2년 동안 연속 상연되었다.
3.입후보하다: 그는 대통령 선거에 입후보 할 계획이다.
4.경영하다: 그의 아버지는 태양전지 소재를 취급하는 무역회사를 운영한다.
5.되다: 어떤 지역의 나무들이 산성비 때문에 말라 죽어가고 있다.

해설

방송사이므로 '운영하다'로 해석하는 것이 가장 적절하다.

2

1.숙련시키기 위한 규칙적 또는 반복적 연습 또는 훈련: 기타를 정말로 잘 치기 위해서는 많은 **연습**이 필요하다.
2.어떤 일의 실제적인 행위, 실행, 실시, 실천: 그것은 좋은 생각처럼 들렸지만 **실제**로는 잘 되지 않았다.
3.규칙적 또는 습관적으로 행해지는 관행, 관습: 팁 주는 것은 한국에서는 일반적인 **관행**이 아니다.

해설

in practice 사실상, 실제로는

3

1.어떤 상태, 처지, 입장에 있다: 단호하라 [단호한 **입장에 있어라**]. 그들이 네 의견을 바꾸게 하지 말아라.
2.키, 높이가 ~이다: 우리 회사 새 빌딩의 **높이**는 200피트이다.
3.참다, 견디다: 나는 이곳의 더위를 **견딜** 수 없다.

해설

stand=bear, endure의 뜻으로 많이 쓰임

실전 연습

1 ① 2 ⑤ 3 ① 4 ③ 5 ④ 6 ③

1

일본에서는 의사들이 자신들의 이익을 지키기 위하여 자신들만의 **용어**로 처방전을 쓰는 것으로 악명이 높다.
1.말; 술어, 용어: 그는 그 어려운 이론을 쉬운 말로 설명했다.
2.기간; 임기: 그는 4년 임기의 대통령에 재선되었다.
3.학기: 그는 가을 학기에 등록을 했다.
4.조건, 약정: 계약의 조건은 명확히 명시되어야 한다.
5.사이: 그들은 서로 좋은 사이이다.

해설

처방전이므로 의료 용어로 쓰인다.

2

1.도덕적으로 옳은: 우리는 **옳고** 명예롭고, 가치 있는 일을 행하도록 노력해야 한다.
2.정확한, 틀림없는: 그 스위스 시계는 실로 명품이다. 그것은 아름답고 1/1000초 단위까지 **정확하다**.
3.가장 알맞은; 상황을 고려할 때 최상인: 어느 쪽 길이 썬 시티로 가는 **알맞고** 빠른 길이냐?

해설

right의 여러 뜻은 '옳은'에서 파생되었다.

3

1.고려 중인 주제, 테마: 그는 종교를 **주제**로 하는 시리즈의 책을 샀다.
2.어떤 왕조의 통치자의 지배 하에 사는 사람들: 왕은 왕국에 사는 사람들을 그의 **백성들**이라 칭한다.
3.학과, 교과, 과목: 그는 대학 첫해에 여섯 학과과목을 이수하고 있다; 영어는 내가 가장 좋아하는 **과목**이다.

해설

subject는 '주어'의 뜻도 있다.

4

사람들이 흔히 말하는 것과는 반대로, 우정이 바로 그 진정한 친구들이 해주는 **솔직한** 충고에 의해 쉽게 상처를 받기 쉽다.

1.평평한: 그 산의 정상에는 넓은 평지가 펼쳐져 있다.

2.명백한; 알기 쉬운: 그가 그 계획에 동의하지 않는 다는 것은 명백하다. 그는 어려운 이론을 쉬운 용어로 설명했다.

3.솔직한: 솔직한 말이 언제나 좋은 것은 아니다.

4.못생긴: 당시의 평판과는 반대로 그녀는 못생긴 여자였다.

5.소박한; 장식이나 무늬가 없는: 그는 꾸밈이 없는 집에서 간소한 식사를 하며 소박한 삶을 살았다.

해설

충고에 어울리는 형용사에 착안하라.

5

1.위험에서 구조하다: 그는 친구가 나무에서 추락하는 것을 **구조할** 수 있었다.

2.후에 쓰기 위해 저축하다: 마라톤 경주의 마지막 순간에 대비해서 힘을 **아껴두어라.**

3.~을 제외하고: 그 새로 출판된 책을 **제외하고**, 그는 이 도서관에 있는 모든 책을 읽었다.

해설

save가 전치사로 쓰이기도 한다.

전치사 save=except(~을 제외하고)의 의미로 쓰인다.

6

1.특별한 목적을 가지고 힘들여 하다: 그들은 많은 귀중한 역사적 문서[사료]를 가지고 있다; 그는 역사를 **공부한다.**

2.(기계가) 잘 작동하다: 이 기계는 더 이상 사람의 힘으로 작동되지 않는다; 새로운 모델들은 전기로 **작동된다.**

3.효과를 내다: 그 계획의 성공을 위해서는 이 아이디어가 아주 **효과가 좋을** 것이다.

해설

work 효과가 있다(=be effective)